农业经济增长及其影响要素分析研究

潘 力◎著

吉林科学技术出版社

图书在版编目（CIP）数据

农业经济增长及其影响要素分析研究 / 潘力著. --
长春 ：吉林科学技术出版社，2023.3
　　ISBN 978-7-5744-0139-6

　　Ⅰ．①农… Ⅱ．①潘… Ⅲ．①农业经济发展－影响因
素－要素分析－研究－中国 Ⅳ．①F323

中国国家版本馆CIP数据核字(2023)第052189号

农业经济增长及其影响要素分析研究

作　　者　潘　力
出 版 人　宛　霞
责任编辑　金方建
幅面尺寸　185 mm×260mm
开　　本　16
字　　数　226千字
印　　张　10
版　　次　2024年7月第1版
印　　次　2024年7月第1次印刷
出　　版　吉林科学技术出版社
发　　行　吉林科学技术出版社
地　　址　长春市净月区福祉大路5788号
邮　　编　130118
发行部电话/传真　0431-81629529　81629530　81629531
　　　　　　　　　　81629532　81629533　81629534
储运部电话　0431-86059116
编辑部电话　0431-81629518
印　　刷　北京四海锦诚印刷技术有限公司
书　　号　ISBN 978-7-5744-0139-6
定　　价　60.00元

前　言

农业是我国国民经济的基础，是我国的第一产业，对国民经济的发展起着重要的作用。党的十八大报告强调，解决好农业农村农民问题是全党工作重中之重。十八大报告提出，到 2020 年，实现城乡居民人均收入比 2010 年翻一番，农业现代化和社会主义新农村建设成效显著；加快发展现代农业，增强农业综合生产能力，确保国家粮食安全和重要农产品有效供给；着力促进农民增收，保持农民收入持续较快增长。这是我们党根据全面建成小康社会奋斗目标，对农业农村经济发展提出的目标任务。

习近平总书记在党的二十大报告中强调，加快建设农业强国。这是党中央立足全面建设社会主义现代化国家、着眼统筹"两个大局"做出的重大决策部署，明确了新时代新征程农业农村现代化的主攻方向，提出了全面推进乡村振兴的重大任务。

我国农业经济的发展这些年颇受重视，人们已经看到工业化快速发展之下农业经济发展的必要性以及农业经济所处的弱势地位。在这种环境之下，如何发展农业经济已经成为人们关注的一个重点话题。中国发展农业经济多年来一直借鉴西方，但中国农业经济有自己的特点，需要依据当前的实际情况去发展农业经济。基于这些认识，作者撰写了本书。本书以农业经济增长及其影响要素为研究对象，对农业发展与农业经济增长的基本理论、农业劳动力、农业技术进步、农业资金、农业经营方式、农业信息化等与农业经济增长相关的要素进行了全方位的分析研究。

本书在写作过程中参阅了大量的文献和著作，在此对相关作者表示衷心的感谢。此外，由于写作水平和时间有限，书中难免有不足之处，欢迎各位专家读者批评指正。

作者

2023 年 2 月

目 录

第一章

农业发展与农业经济增长的基本理论

第一节　农业与农业经济思想

一、农业的内涵

(一) 农业的概念

农业是人类充分利用土地、水分、光照、热量等自然资源和环境条件，依靠生物的生长发育机能并辅以人类劳动以获取物质产品的社会生产部门。农业生产的对象是生物体，人类则从中获取动植物产品。不过，受所处历史阶段不同和国家之间国民经济产业划分差异的影响，农业包括的内容、涉及的范围并非完全一致。在早些时候乃至今天，那些社会分工相对滞后的国家，植物栽培业和动物饲养业构成了整个农业。其中，植物栽培业是指人类充分利用光、热、水、空气以及土壤中所富含的各种矿物质养分，借助绿色植物的加工合成功能获取植物性产品的生产部门。包括种植业、林果业以及园艺花卉业。动物饲养是指人类将植物产品作为基本饲料，利用动物的生长发育机能与消化合成功能获取各种动物性产品或役用牲畜的生产部门，由畜牧业和渔业（即水产养殖业）两部分构成。随着社会经济的发展以及人类认知水平的逐步提高，一些发生于农村的非农生产活动都被定位成农业的副业，也包含在农业概念之中。

因此，也就出现了狭义农业与广义农业之分。其中，狭义农业主要指种植业，包括粮食作物、经济作物以及果林等的种植；广义农业除了涉及种植业（也称农业），还包括林业、牧业、副业和渔业。近年来，随着社会经济的进一步发展以及农业现代化步伐的加快，农业与工商业之间的联系也日趋紧密。为了便于农业经营管理，一些国家把为农业提供生产资料的上游部门以及从事农产品加工、储藏、运输、销售等活动的下游部门也划归农业部门，由此使得农业的概念更加宽泛。

（二）农业的本质特征

基于农业内涵不难发现，农业生产不属于简单行为，而是一个由三类因素共同作用的过程：一是生物有机体，植物、动物以及微生物必须存在；二是自然环境，土地、水分、光照、热量等均需满足特定的条件；三是人类劳动，整个农业生产活动过程均需人类参与其中。这三类因素相互关联、共同作用，使农业生产具有了自然再生产与经济再生产相交织的根本特性。

1. 农业生产是一种自然再生产过程

农业是利用生物有机体的生长发育过程所进行的生产，是生命物质的再延续，因而也是有机体的自然再生产过程。例如，种植业和林业的生产过程也是绿色植物的生长、繁殖过程。在该过程中，绿色植物通过吸收土壤中的水分、矿物质和空气中的二氧化碳，利用光合作用制造出富含碳水化合物、蛋白质和脂肪等多种营养元素的植物产品。又如，畜牧业和渔业的生产过程也是家畜和鱼类的生长、繁殖过程。在这一过程中，动物以植物或其他动物产品为食，通过新陈代谢功能将其转化为自身所需的营养物质以维持其正常的生命活动，植物性产品由此转化成动物性产品。与此同时，当动植物的残体和动物排泄物进入土壤或者渗入水体之后，经过微生物还原，会再次成为植物生长发育的重要养料来源，由此重新步入生物再生产的循环过程之中。总体而言，自然再生产一般通过生物自身的代谢活动而实现，可看作农业再生产的自然基础。

2. 农业生产是一种经济再生产

所谓经济再生产，是指农业生产者在特定的环境下结成一定的生产关系，借助相应的生产工具对动植物进行具体的生产活动，以获取所需要的农产品。它是农业生产者遵循自然规律以生物体自身的代谢活动为基础，为了满足人类的需要而通过劳动对自然再生产进行作用与指导的过程。在这个过程中，所获取的农产品除了可供生产者自身消费之外，也可作为生产资料进入下一个农业生产环节，还可通过物质交换获取生产者所需的其他消费品和生产资料。

3. 农业是自然再生产与经济再生产相交织的过程

单纯的自然再生产是生物有机体与自然环境之间的物质、能量交换过程，如果缺少人类劳动参与，它就是自然界的生态循环而非农业生产。而经济再生产过程则是农业生产者对自然再生产过程进行有意识的干预，通过劳动改变动植物的生长发育过程和条件，从中获取自身所需动植物产品的过程。因此，此类干预不仅要符合动植物生长发育的自然规律，还必须与社会经济再生产的客观规律保持一致。

（三）农业的具体特征

由于农业生产中的自然再生产与经济再生产相互交织且密不可分，由此派生出了农业区别于工业和其他物质生产部门的若干具体特点，分别是：

1. 土地是农业生产最为基本且无法替代的生产资料

农业生产离不开土地资源。农业活动则是人类利用土地对动植物发生作用。农业用地通常又称为农用地，是指直接或间接为农业生产所利用的土地，一般包括耕地、园地、林地、牧草地、养捕水面、农田水利设施用地、其他农业基础设施建设占用地等。农用土地所具有的特殊自然属性和经济属性，如数量的有限性、位置的固定性、质量的差异性、肥力的可变性、效用的持续性、使用的选择性、收益的级差性等，要求农业生产者在今后的农用地利用过程中应更为注重集约经营、合理布局等。

2. 农产品是人类最为基本的物质生活资料

随着社会经济的不断发展以及收入水平的逐步提升，人们的消费水平也在不断提高，其衣、食、住、行等各个方面均发生了巨大变化，越来越多的加工制成品进入人们的日常消费领域。尽管如此，人们生活所需的粮、棉、油、肉、蛋、奶、果、茶、菜等基本农产品仍需农业来提供。它们是人们生活中不可或缺的物质生活资料，在未来的发展中除了需要追求数量的增加之外，还须注重产品结构的优化与产品质量的改进，否则便会制约人类的生存和发展。

3. 农业生产的主要对象是有生命的动植物，具有周期性和季节性特点

动物和植物是农业生产的主要对象，与工业品相比，具有生命是其最为显著的特点。人们的生产劳动需通过动植物自身的生长发育过程而起作用，而劳动成果则需通过动植物生命的终结来获取。与此同时，农业生产在其时间分配上还具有特殊性，大多数活动都需按季节顺序进行，并存在一定的变化周期。换言之，即农业生产具有周期性和季节性特点。究其原因，主要在于动植物的生长发育通常存在一定规律，并且受自然因素影响，而自然因素又随季节而变化且呈现出周期性特征。为此，生产者应认识和遵循动植物的生命活动规律，按其生命活动周期开展农业生产活动，比如因地制宜、不违农时、按季播种、按季收获。

4. 农业生产具有分散性和地域性

由于农业生产活动主要在土地上进行，而农用土地的位置较为固定且分布相对零散，从而使得农业生产在空间上呈现出分散性特点。与此同时，农业生产还具有明显的地域差异，不同地区的产业结构、所生产的品种和数量都会不同。主要原因在于，不同生物生长发育所要求的热量、光照、水分、土壤等自然条件通常存在差异，且世界各地自然条件、社会经济条件和国家政策也存在地域差别。目前，全球已形成了多种农业地域类型，如商品谷物农业、乳畜业、热带雨林迁徙农业等。农业生产的地域性特征要求农业生产者在实践中要因地制宜。

5. **农业生产时间与劳动时间存在非一致性**

农业生产时间是指农业自然生产全过程所需要的时间，其长短通常由两方面因素决定，一是生物自身生命活动规律与周期的约束，二是自然资源环境条件的制约。农业劳动时间是指人类根据动植物生长发育的实际需要所投入的劳动时间，而农业自然再生产的特殊性，使得农业劳动投入通常具有间断性和季节性的特点，由此导致农业生产时间与劳动时间产生了非一致性，即动植物在生长发育过程中有时无须人类劳动其生命活动过程也照常进行。由于二者的不一致，还衍生出了其他一些显著特点，如农业生产资料使用的季节性、农产品获取的间断性以及农业资金收支的阶段性、非平衡性。

6. **农业生产通常面临自然和市场的双重风险**

绝大多数农业生产活动都是在自然环境中进行，但自然环境通常面临诸多不可控因素，比如水旱灾害、病虫害、动物疫情、森林火灾、有害生物入侵等，由此导致农业生产活动经常面临极大的自然风险。同时，农业生产周期一般较长，在缺少外力的条件下其按季播种、按季收获的规律难以改变，这也使得农产品供给的弹性较小，通常很难依据市场的变化及时调整生产结构或者改变生产规模；农产品特殊的生物学特性，对加工、贮藏、运输以及销售等环节均有着较高的要求。这些不确定性使得农业生产经营不仅具有自然风险，还面临着较大的市场风险。

二、中国农业经济思想的发展

（一）中国古代传统农业管理思想

中国农业管理思想产生得很早，相传尧舜禹时代就已经有与农业相关的官职，也有与农业相关的管理方法。随着传统农业生产的发展，农业管理思想逐渐形成为一整套理论。最为人熟知的就是农学家的产生。不过农学家并不是真正代表中国农业管理思想的正统，春秋战国时期，中国农业思想的争论主要存在于法家、儒家和道家之间。在这之后，随着儒家的地位越来越巩固，儒家的农学思想逐渐成为中国农学思想发展的正统。

1. **富国论与富民论**

春秋战国，诸侯争霸，兼并战争从未停止。富国、强兵成为那个时期的两大主题。士子学者也就围绕这两大主题开始争论，出现了"富国论"与"富民论"两种基本论调。也正是这个时候，传统农业管理思想才上升为理论。

（1）富国论

商鞅（公元前390—公元前338）是富国论的主要代表人物。作为一名改革家，商鞅主张"治世不一道，便国不法古"。他把"治、富、强、王"作为国家的政治目标。"治"

是指社会稳定，人民生活有序；"富"指粟帛百用充裕；"强"是指有强大的军事实力；"王"即行王道天下归心。在商鞅的逻辑中，这四者是相互关联的，治者必富，富者必强，强者必王。在商鞅遗留后世的《商君书》各篇中都涉及"国富"的有关论述。商鞅首先在理论上强调"农本"，把手工业、商业等称为末业，宣扬"能事本而禁末者富"。商君还主张增加税收，采取重税政策把财富集中到国家政权手中，由国家支配。由此来看，早期的富国论简单来看就是重农重税论。

（2）富民论

儒家是富民论的代表学派，亚圣孟子（公元前372—公元前289）在孔子的基础上把富民足民思想理论化。孟子主张仁政感化使人心归顺达到统一。孟轲认为"王道之始"应当使百姓"养生丧死无憾"，要做到"仰足以事父母，俯足以畜妻子，乐岁终生饱，凶年免于死亡"。如果老百姓连父母妻子都养不起，国家怎能天下大治呢？孟轲形象地解说他的"富民"理论："民非水火不生活，昏暮叩人之门户，求水火，无弗与者，至足矣。圣人治天下，使有菽粟如水火，而民焉有不仁者乎？"从这一段可以看出孟子主张"王道"的基础是人民富足，有赖以生活的依靠，这个依靠就是土地。孟轲反对法家的"禁末"，认为社会分工是必不可少的。他说："且一人之身，而百工之所为备，如必自为而后用之，是率天下而路也。"就是说，假如什么东西都由自家生产使用，那么天下人都会疲于奔命。因此要"通功易事，以羡补不足"，即农户也要进行适当的产品交换。

无论是富国论还是富民论，其目的都是为了帮助君主在争霸的时代获得立足之地，其基础都是男耕女织的小农经济。而二者的分歧在于对待兵事的观点。富国论注重强兵，富民论则注重仁政。到战国后期，出现了融合两派观点的新的经济管理理论。《管子》和《荀子》比较集中地阐述了这种新的理论。《管子》主张国库充盈和人民富足都是需要的，"国多财则远者来，地辟举则民留处"。人民生活富裕了，才会遵纪守法。"善为国者，必先富民，然后治之"。《荀子》的贡献在于将国富的概念扩大，实现广义上的"国富"，也就是国家财富总量增加，定义为"上下俱富"。

2. 轻重论与善因论

秦统一以后，建立一套中央集权的专制统治，推行强硬的国家干预政策，损害了农民的利益，致使饱受战乱破坏的农业长时间不能得到恢复和发展，秦帝国迅速就灭亡了。西汉政权在农民战争中建立，吸取了秦亡的教训，制定出以重农、薄赋、节用为主要内容的一系列与民休养生息的政策，在经济管理上推行"无为而治"，生产得到较大发展。但是，随着时间的推移，社会矛盾也逐渐累积起来。在这样的历史条件下，国家应当如何管理国民经济，是加强控制干预，还是继续放任无为，就成为亟须解决的理论问题和现实问题。这种背景下，社会上出现了"轻重论"和"善因论"的论争。

"轻重论"的代表人物是汉代的桑弘羊等人。他们主张国家利用轻重之术来聚敛财富，管理农业生产。"彼善为国者，使农夫寒耕暑耘，力归于上"。利用商品流通的多贱寡贵规律来控制国民的生产、分配、消费，以达到全面垄断国民经济的目的。其理论依据是：

第一，市场的商品价格是变化的并有规律可循的。变化主要来源于年成丰歉、季节早晚、商人的囤积和政府的征税活动。

第二，国家可以利用"物多则贱，寡则贵"的物价变化规律来占有农民的财富。国家必须掌握货币的投放与流通，控制农产品价格，进而调控农业生产。

第三，国家利用轻重之术聚敛财富，政治上也有多方面的收益，例如"取之于民而民无怨，巨商大贾不能巧取豪夺，民也无不系于上"。

轻重论者还认为，人民的贫富要适度，不能过富，也不能过贫，因为"民富不可以禄使，贫则不可以罚威也"。即人民太富了就不听从调遣，太穷了就不怕刑罚，二者都不利于封建国家的统治。

与轻重论相反的经济管理理论是司马迁提出的"善因论"，主张顺应经济的自然运行，减少国家的干预。语出《史记·货殖列传》："善者因之，其次利道之，其次教诲之，其次整齐之。最下者与之争。"而其核心是"因之"，即顺应经济的自然运行，减少对经济活动的干预。但是司马迁也并非主张对经济活动采取听之任之的无政府主义。在"因之"的前提下，国家可以利用一定的经济利益来引导人民从事某些有益于国家全局的经济活动，这叫"利道之"；还可以采用教育感化的办法来规范人们的经济行为，这叫"教诲之"；还必须加以行政法律手段来强化经济秩序，干预经济活动中的不法行为，这叫"整齐之"。在司马迁看来，政府只是经济活动的管理者，直接介入经济活动就是与民争利，就会扰乱经济的自然运行，这是最糟糕的，因此他认为轻重论的干预主义是"最下者"。

总之，"善因论"主张国家减少对经济活动的干预，顺应经济的自然发展，只要适当加以"利道""教诲""整齐"等手段，就能实现"上则富国，下则富民"的经济管理目标。

（二）中国传统农业管理的特点

农业生产具有特定的地域差异性和历史继承性，它与一个国家的资源环境以及社会、经济、文化甚至风俗习惯都有密切关系。我国的传统农业是中华民族经历上万年的积累发展起来的。其管理主要特点如下所述：

1. 提倡天时、地利、人和

"三才"是我国早期哲学中对于天、地、人三者关系的学说，最早见于《周易·系辞下》："有天道焉，有人道焉，有地道焉。"意即天、地、人各有其运行规律。三才理论最早用于指导国家发展和对外战争，后来又发展到指导农业生产。最为典型的观点出现在西汉《淮南子·主术训》中，"上因天时，下尽地财，中用人力，是以群生遂长，五谷蕃殖。"从这一简洁的论述之中人们可以看出农业生产只有顺应自然规律（因天时），发掘土地潜力（尽地财），调动人的生产积极性（用人力），才能够获得农业丰收（五谷蕃殖），同时也要做到讲究"时宜""地宜""物宜"。

2. 提倡资源保护和用地养地

先秦时代，我国就已开始设官立法保护生物资源环境，有了许多很精辟的思想认识。战国《荀子》里说："修火宪，养山林薮泽草木鱼鳖百索，以时禁发，使国家足用而财物不屈，虞师之事也。"中国古代对耕地的保护也备受国外学者称道。德国科学家、近代农业化学的奠基人李比希（Justus Von Liebig 1803—1873）在《化学在农业和生物学上的应用》一书中说："中国长远地保持着土壤肥力，借以适应人口增长而不断提高其产量，创造了无与伦比的农业耕作法。"

3. 精耕细作，提升农业产出

一般认为，中国精耕细作农业形成于战国时代，那时候封建小农经济的确立，调动了农民的生产积极性，在自家耕种的土地上精心种植管理，以期获得较好的收成。战国《吕氏春秋》中甚至提出"五耕五耨，必审以尽"的要求。中国农业经济还具有多种经营传统，这里所说的多种经营，包含三层意思：一是耕织结合，农副并重；二是农桑并举，农牧结合；三是多熟种植，早晚搭配。这与自给自足的小农经济是相一致的。

（三）中国近代农业经济思想

鸦片战争以后，中国社会内忧外患日益严重，为了寻求强国富民良策，许多开明士绅积极鼓吹兴农强本，出现了仿照西方各国先进的农业技术以改变中国农业落后状况的思想，并开始通过多种途径引进西方近代农业科技，创办农业学校和科研机构，开展农村建设试验。

1. 推动现代农业技术和教育发展

引进西方农业科技成果。中国出现西方近代的实验农学始于 19 世纪 60 年代。1862 年，清政府在北京设立了培养外语人才的"同文馆"，不久就有了关于西方农业科技著作的翻译出版。1897 年 5 月，上海创办了中国第一份农业学术刊物，名为《农学报》。这个刊物办了 10 年，译介了大量的近代农业科技文章。此外还出版了一套《农学丛书》，收入农学译著 149 种。这些书刊的出版与传播，推动了中国近代农业科技的产生和发展。

中国近代也引进了新式农机、化肥农药及农作物、家畜良种等。据 1880 年天津《益世报》报道，当时在天津附近出现了一家"批租荒地 5 万亩，概从西法，以机器从事"的新式农场。以后，各地购进和试用西方新式农机具的情况时见报端。不过，真正在当时的农业生产上起作用的还是抽水排灌一类机具，如浙江镇海有人集资 3 万元，设立了"灌田公司"，购买了大小各式抽水机 10 余台，分设乡邑各处，抽水灌田。1904 年，德国一些化肥公司开始在中国出售化肥，当时称为肥田粉，主要是硫酸铵类化肥。自此，化肥逐渐引进我国，逐渐为农民认识和接受。此外中国近代还开始积极引进优良农作物和畜品种，为中国的农业发展做出了积极的贡献。

创办农业教育科研机构。中国开始创办近代农业教育科研机构，可以追溯到19世纪末。如1896年成立的杭州蚕学馆和1898年成立的上海育蚕试验场等。1903年，清朝政府制定"癸卯学制"，规定农业教育的学制分为四级，即大学农科、高等农业学堂、中等农业学堂、初等农业学堂等。辛亥革命以后，我国的农业教育科研事业得到比较快的发展，先后成立了一批高等农业院校和农业科研试验场。到1927年北伐结束时，全国共有国立农科大学6所，公立（省立）大学农科3所，私立（含教会）大学农科5所，此外还有公立农业专门学校（中专）10所。到1947年，全国已有农业高等院校47所，大部分省份都设立了高等农业院校。

开展农业科研活动。中国近代的农业科研活动发端于清末的农事试验，但限于当时的社会历史条件，真正科学意义上的农业科研活动并未展开。辛亥革命后，经过一批在农业教育科研机构供职的爱国知识分子的辛勤耕耘和不断努力，中国的农业科研才初具规模，各项科研活动先后展开，取得了一些有影响的成果。

2. 孙中山的农业现代化思想

孙中山是中国资产阶级民主革命的卓越领袖。他所提出的农业发展思想，对近代中国产生了重大影响，是我国农业管理思想遗产的一个重要组成部分。孙中山青年时期对农业现代化的理解，主要是开办农业学堂，学习西方农业新法，改造传统农业技术等。在旧民主主义革命过程中，孙中山的注意力逐渐转向土地制度问题，在其三民主义学说中，把土地问题摆在十分重要的位置。他在《三民主义之具体方法》中说："民生主义，讲到归宿，不得不解决'土地'和'资本'两个问题。"可以说，平均地权和节制资本构成了孙中山民生主义的核心。到孙中山晚年，他进一步为其平均地权思想赋予"耕者有其田"的内容。他在《民生主义》第三讲中说："农民之缺乏田地沦为佃农者，国家应当给以土地。"又说："将来民生主义真是达到目的，农民问题真是完全解决，是要耕者有其田，那才算是我们对于农民问题的最终结果。"

孙中山的国家经济现代化思想，是通过大力发展工农业大生产来解决民生问题，这本身就含有对封建小农生产方式的否定。他当时也提出利用外国的资金、人才、技术来加速现代化建设，认为这是赶上先进各国的捷径。此外，他还提出经济现代化既要"万端齐发"，又要有所侧重，要优先发展农业、工矿业及基础工业，指出"盖农矿工业，实为其他种种事业之母也"。这些思想都是具有时代进步意义的，是孙中山经济现代化思想的精髓。

3. 各类乡村建设试验

（1）梁漱溟的乡村建设理论与实验

梁漱溟在《乡村建设理论提纲》一文中，系统地阐述了他的理论，认为乡村建设运动的任务就是要使无序的社会变成有序的社会，并以乡村建设理论为依据，设计了一个

"政、教、富、卫"合一的乡村综合改造的模式，于1931年6月成立了"山东乡村建设研究院"。当时选了山东邹平和菏泽两县作为这个建设模式的试验点，后来只在邹平县做了一些实际的工作。重点是创办"乡农学校"，这是梁漱溟乡村建设试验的出发点。乡农学校负有教育农民、促兴经济、陶冶精神三大任务。教育农民是乡村建设第一要务；促兴经济是乡村建设的中心内容，包括向农民传授农业技术，兴办各类经济合作社等，两者相连相需，农业即可发达，而农业兴起，工业相因而俱来；所谓陶冶精神实际上是对乡民进行礼俗伦理教育，以形成一个"伦理本位和职业分立的社会"。

（2）晏阳初的平民教育理论与试验

20世纪20年代初，以晏阳初为代表的一批提倡平民教育的知识分子，在中国搞了一个颇有声势的"平民教育"运动。晏阳初年轻时目睹华工不识字的痛苦，提倡要通过识字来改造国民的素质，提出了"除文盲，做新民"的口号。

按晏阳初的观点，中国农村问题千头万绪，其中有四个基本问题，这就是农民的"愚、穷、弱、私"。所谓"愚"就是绝大多数农民是文盲，目不识丁，知识肤浅；所谓"穷"就是绝大多数农民生活在水深火热之中，在死亡线上挣扎，根本谈不上什么生活水平线；所谓"弱"就是绝大多数农民缺医少药，生死由天，谈不上科学治疗；所谓"私"就是大多数农民缺乏道德陶冶和公民训练，缺乏团结合作精神。针对四个基本问题提出开展"四大教育"：文化教育培养知识力以救其愚；生计教育培养生产力以救其穷；卫生教育培植强健力以救其弱；公民教育培植团结力以救其私。他深信这四种教育办好、社会有了基础，中国就得救了。

晏阳初等为实践他们的农民教育和农村建设理论，选择河北定县作为实验基地，进行了一番农村综合改良的社会试验。他们事先制订了一个庞大的10年工作计划（后改为6年计划），规定了一套"社会调查—研究—实验—示范—推广"的工作程序。当时的农民教育按"除文盲，做新民"的要求，重点放在识字教育和公民教育方面。对编写成年农民识字教材和农村浅易读物，做了大量基础性工作，其中不乏合乎现代识字教育原理的成分，具有良好的实用性和速成性。

（3）乡村建设协会的乡村试验

乡村建设协会是一个得到美国洛克菲勒基金会资助的乡建组织，由金陵大学农学院牵头，联合了清华大学（负责水利工程）、燕京大学（负责农民教育）、北平协和医学院（负责乡村公共卫生）、南开大学（负责农村社会经济）、齐鲁大学（负责农村社会组织）、金陵大学（负责农业技术改进）等有影响的大学参与，在当时算得上是一支阵容强大的乡村建设队伍。1935年，金陵大学农学院决定在济宁办一个乡村建设试验总场，在各县建立分场，全面实施乡村试验计划。首先选择山东的10个县进行农村综合改良和农产改进工作。但由于抗战爆发，该项计划未能完成即被迫内迁。抗战期间，改在贵州省定番设立乡政建设学院继续开展工作，但终未实现当初的宏大计划。

中国在 20 世纪二三十年代出现的乡村建设运动，实际上也可以看作是一次乡村现代化建设的尝试。它得到了当时的社会名流的大力提倡、支持。许多有志之士不辞辛劳，深入农村，确实做出了一定的成绩。但是这种改良主义的乡村建设没有触动封建土地所有制。加上日本帝国主义入侵，政局动荡，建设人才不足等原因，所以注定不能取得预期的结果。

三、西方农业经济思想的发展

（一）前资本主义时期的农业经济思想

1. 古代希腊、罗马的农业经济思想

古代希腊、罗马的农业经济思想并没有形成完整的体系，有关农业的经济思想，或是夹杂在一般论述政治、哲学、经济问题的著作中，如色诺芬；或者同农业生产技术知识结合在一起，如加图、瓦罗等。但从他们的著述中可以了解到古代希腊、罗马对农业地位、作用的认识，对农业生产经营的分析，对农产品价格功能的理解等丰富的思想，这些思想正是农业经济思想、理论发展的源头。

2. 西欧中世纪的农业经济思想

西欧中世纪的农业经济思想主要表现在以下四方面。

第一，维护封建秩序与封建土地所有制的正统思想。在十一二世纪时，随同封建制度的巩固，领主不仅有权处置庄园内的一切财产，还拥有统治庄园内一切居民的政治管辖权。教会还利用宗教与政治特权占有大量地产，成为封建统治阶级的一个组成部分。在思想与教育处在垄断地位的神职人员还是统治的精神支柱，他们不仅用蓄意编造的神话来欺骗人民，还通过精巧构思的神学体系来论证私有制的合理，并竭力宣扬忍耐与服从的必要与益处。

第二，主张财产公有并消灭等级特权的异端思想。中世纪后期，与维护封建秩序相对立的带有平均主义倾向的思想出现。这些激进思想多以宗教外衣为掩护，这是因为处于基督教神学统治之下，即使杰出的有影响的思想家也很难彻底摆脱基督教的支配。宗教虽然使人安分守己，但它在幻想虚构的彼岸或天国中，消灭了剥削与压迫，实现了平等与自由。在当时劳苦大众愿意为之而奋斗，因为它寄托了自己的希望与理想。

第三，强调公平忽视效益的重农抑商思想。在欧洲中世纪，以研究神学为主的经院学者，当经济现象涉及伦理道德问题时，就从神学的观点来解释，如对财产的形成与分配这类世俗问题，大多是根据是否有益于社会及人心等公益方面来决定其取舍。对于以体力劳动为主的农业生产活动，认为它有利于培养品德可冲淡物欲而倍加赞扬；将商业等交换行为看成是企图通过购买的不公正原则来谋财致富的，因而加以谴责。进而强调商品经济是

以利己的卑鄙动机为前提，所以理应遭受唾弃；而自然经济则以自给自足为目的，由于清心寡欲的心态能够弥补物质生活的贫乏，恬淡自适的行为也可以减少尘世的纷争，有助于维护社会秩序，从而加以肯定。

第四，优化结构改进管理的农业经营思想。在13世纪西欧封建社会的全盛时期，强化监督与开展核算使庄园的管理水平有所提高。这时的庄园管理原则与经营思想，在《亨利农书》中得到了集中的体现。该书提出了不违农时是保证生产和提高效益的首要前提，推行会计制度来改进粗放的管理方式，遵循任人唯贤的原则来强化监督，推行以货币为手段的计算活动以适应商品经济的发展。随着商业发展与城市兴起，西欧各地农民相继卷入市场，农民内部也发生分化。新兴的资本主义大租佃农场主和获得自主经营权的小农户都意识到，在提高生产技术措施的同时，如能优化生产结构，确定适度经营规模，还可取得更大的经济效益，因而用合理的经营思想来指导生产，便构成当时风行的农书主题而备受关注。

（二）西方近代资本主义时期的农业经济思想

1. 古典政治经济学中的农业经济思想

近代农业经济思想主要产生在英国、法国和德国，它包含在古典政治经济学之中。最早对资本主义生产方式进行研究的是重商主义经济学说，它流行于15—17世纪，包括西欧国家采取的重商主义的政策、措施，以及对这些政策、措施的理论探讨。重商主义在历史上曾经起到很大的作用，促进了商品货币关系的发展和工场手工业的发展。但在17世纪以后，重商主义不仅不再促进社会经济的发展，反而成为资本主义进一步发展的障碍。

古典政治经济学把理论的考察从流通领域转移到生产领域。在近代资本主义初期，农业是最主要的生产部门，因而当时的思想家在很大程度上对农业进行了广泛深入的研究。威廉·配第提出"土地为财富之母，而劳动则为财富之父和能动的要素"的观点，指出财富的最后源泉是土地和劳动，课税的对象应是土地地租及其派生的收入。在法国，布阿吉尔贝尔直接地、无情地批判了重商主义，指出财富的源泉是农业生产，重商主义政策使农业破产，从而造成了社会经济的危机。他是重农学派的先驱，把经济研究和分析转入农业生产中，标志着法国古典政治经济学的产生。李嘉图是古典政治经济学的集大成者，在坚持劳动价值论的前提下，创立了古典政治经济学发展中最完备的地租理论。他把地租看成是利润的派生形式，从而认为利润是剩余价值的唯一形式。

古典政治经济学是在价值理论的基础上来研究农业的，从而探讨了地租理论、农产品价格理论、生产要素的投入与收益间的关系以及有关农业的各种政策，从而真正进入了农业经济的理论探讨。在17—19世纪，古典政治经济学家们已开始注意到从生产、交换、分配和消费几个环节来分析社会生产，注意到生产要素的投入与经营收益之间存在一定关系或规律。

2. 相对独立的农业经济理论体系的产生

18 世纪后期，英国经济学家阿瑟·扬（Arther Yang）到欧洲大陆和英国各地考察，1770 年出版了《农业经济学》，比较具体详细地论述了农业生产要素配合比例、生产费用和经营收益的关系。他认为资本主义大农场具有比传统小农经济更大的优越性，主张按追求利润的原则，建立大型的以雇佣农业工人为主的资本主义农场经济。他被认为是农业经济学的创始人。但是，农业经济思想的更大发展是在德国。哥廷根大学的戈特洛布·冯·尤斯蒂（G. H. Gottlob von Justi）提出了改革农业的方案，主张废除耕作强制，瓜分公有土地，合并分散耕地地块，消除农民的杂役负担。阿尔布雷希特·丹尼尔·泰尔（Arbrecht Daniel Thaer）在 1786 年开始进行农业实验工作。1804 年，他到普鲁士创建了一所农学院及附设的农事实验场。1809—1821 年他出版了自己最重要的著作《合理的农业原理》（四卷）；他确立了追求最大利润的农业经营原理，又提出了农业经营学原理，从而成为德国农业经营学的创始人，被看作当时欧洲大陆农业学界的泰斗。泰尔的学生约翰·海因里希·冯·杜能（Johann Heinrich von Thünen）进一步发展了泰尔的思想，推翻了泰尔轮栽制绝对优越论，建立了他自己的各种农业形式相对优越的理论。他用抽象法假定了一个孤立国，孤立国中只有一个城市和四周的农村。他较早使用了边际分析的方法，建立了农业经济学的两个基本理论，即农业集约理论和农业圈层说（或农业生产位置配置理论）。他又进而从假设回到现实，指出孤立国同现实的种种差别，进一步说明他的基本理论。

3. 近代资本主义后期的农业经济思想

在整个近代资本主义后期，经济学基础理论研究的重心在于边际分析方法的采用、推广上，农业不再处于近代资本主义初期在古典经济学中那样重要的地位。但有关农业的经济观点、理论在理论经济学中仍有所反映。马克思主义提出了科学的劳动价值论，并在此基础上，阐明了剩余价值理论，揭示了资本主义剥削的秘密，指出了资本主义产生、发展、灭亡的历史必然性。资产阶级经济学不能够接受马克思主义，迫切需要寻找一种新的价值理论，以对抗马克思主义。他们放弃了劳动价值论，用效用价值理论来说明农产品的价值或价格，重新解释地租理论以及基于其上的农业赋税理论等。

（三）现代农业经济科学的形成与发展

1. 农业经济形成了一个比较完整的学科体系

现代农业科学是在 20 世纪以后才形成一个完整的体系，人们把农业科学研究领域分成四大类：农业生物科学、农业环境科学、农业工程科学和农业经济科学。这四大类可以归为三大研究领域：农业经济、管理科学；农业机械、工程科学；农业生物、环境科学。农业经济科学包括农业经济学（又分为农业生态经济学、农业资源经济学、农业生产经济学、农业发展经济学）、土地利用、农村金融、农村市场学、农业财政、农业会计、农业技术经济学、农场经营管理学、国际农业经济、农产品贸易、农村社会学等。现代农业经济思想主要集中于农业经济科学各分支中。

2. 在发展经济学当中蕴含着丰富的农业经济思想

现代农业经济思想还比较集中地反映在发展经济学中。发展经济学主要研究发展中国家的经济发展问题，由于多数发展中国家都属于农业既占有极为重要的地位又很落后的国家，因而各方面的研究都不同程度地涉及农业及其转变问题。1954 年，W. A. 刘易斯发表《劳动无限供给条件下的经济发展》，提出了二元经济发展模型，他采用古典经济学的方法进行分析，指出发展中国家经济结构的二元性特点，强调工业部门的迅速发展，农业部门以低廉的粮食和劳力支持工业，用转移农业剩余到工业的方式实现现代化。费景汉和 G. 拉尼斯 1964 年发表了《劳动力剩余经济的发展》，把刘易斯的二元经济模型进一步扩展为更为严密的宏观总体发展理论。但是，发展中国家 20 世纪 50—70 年代的发展暴露了忽视农业、过分强调工业化的问题。舒尔茨在 1964 年发表《改造传统农业》，提出使传统农业向现代农业转变的一系列建议。他反对农业劳动生产率等于零、农业只能向工业输出资源而自身没有吸收投资能力、传统农民对经济刺激不会做出反应等观点，强调工业化必须以农业相当程度的发展为前提。乔根森（D. W. Jrgensn）1967 年发表《剩余农业劳动和二元经济发展》，提出了与舒尔茨含义相同的新二元经济模型。这种模型以新古典经济理论为基础，假设农业劳动生产率为正，不存在多余劳动；假设实际工业随生产率而变化。他强调农业剩余因而农业的发展是经济发展的必要充分条件。进入 20 世纪 70 年代以后，发展经济学更重视科技进步、人力资源开发、对外开放、最优增长、多部门和各产业协调发展以及可持续发展等研究。这些都极大地丰富了现代农业经济思想理论。

第二节　农业增长阶段及创新模式

一、从传统农业向现代农业的阶段转变

从农业的发展阶段来看，农业发展经历了原始农业、传统农业和现代农业三个阶段。原始农业是人类社会早期以采集为主要形式的农业生产；传统农业则将农业的生产方式转换成为种植，现代农业则在生产工具上有了进步，利用工业大机器的方式进行生产。因此，就传统农业和现代农业的比较来说，其差别主要在于生产工具。传统农业是一种手工劳动方式，现代农业则是采用机器的劳动方式。当前，我国农业的发展既不是纯粹的传统农业，也不是纯粹意义上的现代农业，而是介于两者之间，在不同的地区有不同的表现。

二、农业增长创新模式

（一）诱导创新理论

创新理论的创始人熊彼得把创新定义为一种新的生产函数，即企业家对生产要素的重新组合。诱导的创新理论来源于厂商理论，约翰·希克斯和汉斯·宾斯旺格曾卓有成效地研究了诱导的创新理论，速水佑次郎和弗农·拉坦在他们的基础上又进一步丰富和完善了这一理论。

诱导的创新理论认为，一个社会可以利用不同的途径实现农业的技术革新，通过生物技术的改进，解决土地的无弹性带给农业发展的制约性。通过机械技术发明创新解决由无弹性的劳动力供给带来的劳动力资源的制约。如果一个国家不能够对资源禀赋制约性选择一条有效的路径进行消除，那么就会对农业和经济的发展产生抑制作用。有效选择各种途径的能力是获得农业生产率增长的关键。关于农业发展的一种有效理论，应该有利于一个社会选择农业技术变革的最优途径。诱导的创新理论把技术变革过程看作是经济制度的内生变量，把技术变革看作是对资源禀赋变化和需求增长的一种动态反映。

诱导的创新理论包括三方面的内容：第一，私营部门的诱导创新。私营部门会把资金用于发展一种较便宜的要素，发展这种要素替代较昂贵要素的技术。与此相同，在一个国家中，若一种要素相对于另一种要素比在第二个国家更昂贵，则创新努力将被吸引到节约这种相对昂贵的要素的技术上。第二，公共部门的诱导创新。市场价格信号是引导技术变革的主要途径。农民在价格变动的作用下，被诱导去寻求节约日益稀缺的生产要素的技术的方法，并促进公共部门开发新技术，要求以现代的技术投入品替代更为稀缺的要素，从而以社会最优的方向，来适应农民减少单位成本的要求。第三，制度创新。制度创新需求的改变是由相对资源禀赋和技术变革诱导的。通过克服产生于要素禀赋、产品需求和技术变革的不均衡而预期潜在的利益得以实现，是对制度变革的一个强有力的诱导。

总的来说，农业技术进步与制度创新是农业发展中的关键诱导因素，随着农业技术进步不断突破自然资源的约束，农业发展中科技进步的贡献份额将越来越大，而农业制度创新也为实现农业生产力诸要素的最佳组合奠定了基础。

（二）农业技术进步

农业技术进步是指在农业经济发展中不断用生产效率更高的先进农业技术代替生产效率低下的落后农业技术。农业技术进步有广义和狭义之分，广义的农业技术进步是指除了土地、资金、劳动等经济要素以外，所有能使农业生产效率提高的方法、手段及其应用于生产中不断提高农业生产效率的过程；狭义的农业技术进步则是指农业生产技能和物化技术等"硬技术"水平的提高及其应用于生产中不断提高农业生产效率的过程。也有学者认为，技术进步是在原有技术的基础上进行更新、创新，而原有技术已经与一定的资本和劳动力相结合，在生产中起作用。从此角度分析，认为农业技术进步是技术进步在农业生产领域的具体化，是指将新知识和新技术推广并运用于农业生产实践活动中，使得一定数量的资源投入生产出更多产品，不断提高农业经济效益、生态效益和社会效益的发展过程。具体包括：生产技术措施的进步，如良种选育技术的进步、农作物耕作栽培技术的进步和土壤改良技术的进步等；生产条件方面的技术进步，如农业生产工具的进步、农业能源的进步和农业基本设施的进步等；管理技术的进步，如运用现代化的管理手段和管理方法，特别是运用电子计算机等现代信息技术来代替传统的管理手段等；生产劳动者与管理者的技术进步，如农业生产劳动者与管理者科学技术知识的丰富、劳动技能的提高及管理技能的提升等。

农业技术进步对农业发展具有重要作用。第一，提供先进农业技术装备，提高劳动生产率。农业技术进步可不断为农业提供大量先进的农业生产工具、运输工具及生产性建筑设施等，改善和提高现有农业生产技术装备水平，降低生产成本，提高劳动生产率，使生产规模效益化。第二，提高土地生产率和农产品质量。农业技术进步可以大大提高土地的生产效率或投入产出比率，改善和提高农产品质量。一方面，农业技术进步不断为农业提供高质量的生产资料，如化肥、农药、除草剂、地膜等，提高农业生产效率；另一方面，农业技术进步可为农业提供先进适用的耕作、栽培、病虫害防治、灌溉等技术，改善和提高各种农艺技术水平。第三，充分合理利用资源，提高农业经济效益。农业技术进步可扩大农业资源的利用范围，提高农业资源的质量和单位资源的利用效率，使有限的农业资源发挥更大的经济效益。此外，农业技术进步还可以促进生物因素与环境因素的统一和协调，按照因地制宜的原则优化农业资源的配置，以充分发挥农业生产的地域优势，从而提高农业的经济效益。第四，改善农民生产生活方式，促进农村全面发展。农业技术进步可以使农民的劳动条件不断改善、劳动强度不断降低、收入水平不断提高，从而调动农民推进技术进步的积极性，使农民有更大的动力学习和掌握科学文化知识与劳动技能。

（三）制度创新

制度创新是指能使创新者获得追加利益（潜在市场利益）而对现行制度进行变革的种种措施与对策。通过制度变革可以建立起某种新的组织形式。制度创新与技术创新一样，都是以获取追加利益为目的的，因而制度创新必须在预期纯收益大于预期成本的条件下才可能实现。但是，制度创新毕竟与技术创新有很大的不同，主要是技术创新的时间依存于物质资本的寿命长短，而制度创新则不受物质资本寿命长短的限制；同时技术创新往往是技术上出现某种新发明的结果，而制度创新则往往是组织形式或管理形式方面出现某种新发明的结果。L. 戴维斯和 D. 诺斯认为，促成制度更新的主要因素有：①规模经济性。市场规模扩大，商品交易额增加，促进制度变革，降低经营管理成本，获取更多经济利益。②技术经济性。生产技术和工业化的发展，城市人口增加，企业规模扩大，促使人们去进行制度创新，以获取新的潜在经济利益。③预期收益刚性。社会集团力量为防止自己预期收益下降而采取的制度变革措施。例如，在通货膨胀持续增长的情况下，工资、利息等固定收入者就要求实行收入指数化制度，以保障自己的实际收入不因通货膨胀而下降或不至于下降得过快过多。制度创新是新旧制度的"代谢"过程，其动力源于存在并发现潜在利益。从产权制度角度来看，制度创新有利于建立有效率的产权制度，从而通过在新制度下降低交易成本，实现资源的高效配置，相关权益主体也就从中受益。

第三节　农业发展驱动经济结构转型

一、经济结构转型的趋势与内容①

从历史演进的视角来看，农业发展水平不断提高的过程，也是一个国家经济结构不断变化的过程。首先，从经济结构转型的发展历程来看，世界经济在工业革命前后发生了显著变化。在1800年以前，居民的生活水平是相对停滞的，人均工资收入、人均产出和人均消费均未能实现较大幅度增长；而在1800年后，各项指标均呈现指数型增长趋势。从经济结构转型的内容来看，主要包括就业结构、产出结构和消费结构的变动，具体表现为农业就业人口占总就业人口比重降低，农业产出占总产出的比重降低，食物消费支出占总消费支出的比重降低。衡量经济结构是否转型成功的一个重要标准，在于就业结构与产出结构是否匹配。一般而言，当农业产值比重与农业劳动人口比重呈现双低时，经济结构更为现代化。而在许多发展中国家，则往往表现出人口大量集聚于农业，且农业产值比重低，从而出现部门间劳动生产率差异较大的现象。

二、农业发展与经济结构转型的阶段特征

（一）农业发展水平较低阶段

当农业发展水平较低时，其从事农业生产的主要目的在于获取维持生存所必需的食物来源。此时农户家庭面临"食物问题"，故将大部分的劳动时间配置在农业部门，农业部门因此集聚大量劳动力。然而，因农业生产率较低，农业部门的生产也难以维持生存所必

---

① 李政通，顾海英. 农业发展如何驱动经济结构转型：进展与展望 [J]. 现代经济探讨，2021（10）.

需的消费品。在这种情况下，经济结构表现出以农业为主的特征，农业劳动力跨部门流动不频繁。当农业发展水平较低时，经济结构以农业为主，且保持均衡。

（二）农业劳动力过剩阶段

随着农业发展水平不断提高，同等数量的要素投入可以生产出更多的农产品，"食物问题"的约束将得到放松。此时，农业部门集聚了大量农业劳动力。根据零值劳动学说，由于农村部门的劳动力富集，劳动力向城市流动不仅不会导致农业部门的生产减少，也不会导致城市的工资率下降。在这个阶段，农业发展能够保障基本的食物需求，农业劳动力大量流转至非农部门，经济结构逐渐转型。在影响因素方面，农业部门和非农部门的工资率、技术等因素变动将会对劳动力部门间配置产生多种影响，城市工资率提高会促使农村剩余劳动力流向城市，农业技术进步也会减少农业劳动力需求。然而，由于制度设计滞后或市场失灵等原因，仍然有剩余的劳动力集聚在农业部门，表明资源配置未能实现最优，经济结构表现出失衡的特征。

（三）部门间劳动力均衡配置阶段

经济结构失衡的直观表现在于农业劳动人口比重与农业产值比重不一致，且往往是前者大于后者。随着制度逐步适应经济发展的步伐，农业发展与经济结构转型将发生进一步变动。一方面，破除制度约束将更加充分地释放农业经济增长的潜力，推动生产要素实现更为优化的配置。另一方面，农业部门的要素优化配置又会驱动过剩劳动力向城市流动，最终实现农业部门与城市部门的均衡发展，具体表现为农业和非农部门的生产率水平达到一致。

因此，即便在农业发展的不同阶段，其与经济结构转型的关系均十分密切。按上述阶段划分，中国当前正处于第二阶段向第三阶段转型的过程中。1978 年，中国的产出结构和就业结构分别为 27.7% 的农业产值和 82.48% 的农村人口，2019 年已分别降至 7.1% 和 39.4%。这表明，一方面，中国的经济结构已经发生了重大转型，由一个农业国转变为一个工业国，在这个转型过程中，中国的农业发展水平不断提高；另一方面，中国目前的农业和非农业劳动生产率差距仍然较大，仍将长期处于经济结构转型当中。

三、农业发展驱动经济结构转型的机制

（一）市场机制

农业发展对经济结构转型影响的市场机制主要表现在两方面，分别是农业生产率变动和价格机制。

农业生产率变动。农业发展的目的首先在于能够为国民提供稳定可靠的食物供给来源，当单位农民所生产的农产品增多，农业部门对劳动力的需求将减少，多余的劳动力则会流转至非农部门。当农业生产率水平提高时，农业产出上升，更多农户家庭面临的"食物问题"约束得到放松，进而将更多的劳动力配置至非农业部门。从机制来看，这种渠道不是单一的，农业生产率的提高对农业劳动力转移至非农部门具有很多方面的影响。

价格机制。根据市场经济理论，要素价格变动会导致要素配置出现变化，不同地区的工资率差异也会对劳动力流动产生影响，高工资率的地区会对劳动力产生吸引效应。当劳动力市场不存在分割时，不同地区、不同部门之间的工资率是一致的。但是在现实中，地区之间的工资率差异较大，这是由于劳动力市场存在摩擦，例如户籍制度和地区差异。当劳动力市场分割时，在市场机制的作用下，资源按照价格机制实现次优配置，资源配置存在扭曲，最终会导致经济结构失衡。

不同的国家在市场机制的作用下，农业发展对经济结构转型的影响结果不同。对于欧美等发达国家，农业发展在驱动经济结构转型方面发挥着重要作用。然而，在发展中国家，农民的权益或难得到有力保障。这是由于发展中国家的制度设计和市场建设水平往往滞后，导致经济中存在各种各样的摩擦。例如，农民由于自身经济实力较弱，通常在生产要素购买、农产品销售中处于不利地位。这种交易地位的不对等导致农业生产者的超额收益被其他从业者获取，隐性约束了农业劳动力向非农部门流动。

（二）剩余价值转移

除了市场机制外，政府也会发挥干预作用，在一定时期内将农业部门的生产剩余转移至工业部门，增加工业部门的资本积累。此时，农业发展对社会经济结构的影响在于为非农部门提供资本。在实现的形式方面，政府制定价格是一项重要手段。当农产品价格低于无干预的市场价格时，农民无法获取农业生产的剩余；另一方面，非农产品价格相对较高，由此形成工农业产品价格剪刀差，农业生产的剩余则被转移至工业部门。对于后起的国家而言，工农业产品价格剪刀差是非农部门进行资本原始积累的一种特殊方式，其本质是通过剩余价值转移的方式鼓励工业优先发展。历史上，中国和苏联都采用工农业产品价格剪刀差的方式，将农业生产剩余转移至工业部门，实现了工业资本的初始积累，在较短的时间内建立起民族工业。

研究发现，工农业产品价格剪刀差和税收都是政府用以干预剩余价值分配的方式，不论是采用何种方式，大量的农业生产剩余被转移至工业。在这种情况下，农户家庭资本长期不能得到积累。以中国为例，从 1953 年建立统购统销制度到 20 世纪 90 年代完全放开农产品和工业品价格，工农业产品价格剪刀差现象持续了近 40 年。根据孔祥智和何安华（2009）的估计，新中国成立后农民仅通过价格剪刀差、廉价劳动力和廉价土地资源三种方式为国家建设积累资金至少 17.3 万亿元。在 1978 年，中国已经建立起了较为完善的工业基础，以不足 18% 的非农人口生产了超过 72% 的国内生产总值，城乡生产率差异巨大。由于大量的农业生产剩余被转移至非农部门，农户家庭长期未能得到有效资本积累，导致城乡二元结构持续存在，"三农"问题突出。一方面，农业生产缺乏资本，大量的劳动者仍然集中在农业部门，而农业产值比重已经十分低，城乡收入差距大；另一方面，农村地区基础设施显著落后于城市，存在显著的公共品欠账。

第四节　农业发展对经济增长的贡献效应

一、农业是国民经济的基础

农业基础性地位主要表现在三个方面：

（一）农业是为人类提供生存必需品的物质生产部门

食物是维持人类生存的最基础的生活资料，而它是由农业生产的动植物产品（准确地说，还包含微生物）来提供。迄今为止，利用工业方法合成食物的前景依旧遥远，可能永远也不会成为食物供给最为主要的途径。为此，我们可以大胆揣测，不论是过去、现在还是将来，农业都是人类的衣食之源和生存之本。

（二）农业是保证国民经济其他物质生产部门独立和进一步发展的基础

通常来看，只有当农业生产者所提供的剩余产品较多时，其他经济部门才能独立，并安心从事工业、商业等其他经济活动。在古代，农业是整个社会的决定性生产部门，为了生存，几乎所有劳动者都从事农业生产，基本不存在社会分工；后来，随着农业生产力的不断发展，农业生产效率得到了极大提升，农业剩余产品快速增加，社会将日益增加的劳动力从农业生产中逐步分离出来，由此形成了人类社会的第一次、第二次和第三次大分工。该过程不仅实现了农业产业内部种养殖业的分离，还有力地促进了工业、商业和其他产业的有效分离，进而相继成为独立的国民经济部门。

（三）农业的基础性地位普遍适用于世界各国且能长期发挥作用的规律

农业产值和劳动力占国民经济的比重逐年下降是世界各国在经济发展进程中所遇到的一个普遍规律。但是，无论是在农业所占比重较大的国家还是比重较小甚至农业相对缺失的国家，农业的基础性地位论断这一规律都将发挥作用。假如一个国家的农业生产无法满足本国经济发展需要，就必须依赖于其他国家，即以外国的农业为基础，从长期来看，显然不利于该国的安全与稳定。

二、农业是国民经济发展的重要推动力

农业有助于推动国民经济的发展，根据西蒙·库兹涅茨的经典分析，其贡献可以通过以下四种形式体现出来。

（一）产品贡献

人们生存和生活最基本的必需品就是食物，而农业则为包括非农产业部门从业人员在内的全体民众提供了食物。一般而言，只有当农业从业者所生产的农产品满足自身需求且有剩余之时，其他国民经济生产部门才能得以顺利发展。虽然从理论上讲，可以通过进口缓解国内食品的供给不足，但在实际中大量进口食品会受到政治、社会和经济等多重因素的制约，甚至会让一个国家面临风险并陷入困境之中。因此，我国未来农业的发展之路必然是依靠本国农业满足广大消费者对食品日益增长的需求。农业除了贡献食品外，还为工业尤其是轻工业提供了重要的原料来源，从而为推进我国工业化进程发挥了重要作用。作为第一发展中国家，大力发展以农产品为原料的加工业可以充分发挥我国的比较优势，有助于推动工业化进程的发展和国民收入的增加。此外，农产品的贡献还表现在对国民经济增长的促进上，由于农产品尤其是谷物产品的需求收入弹性要小于非农产品，民众收入的增加通常意味着其用于食品消费的支出比重会不断下降，进而导致国民经济中农业的产值份额随之下降。但同时，以农产品为原料进行生产的工业品的需求弹性一般大于原料本身的收入弹性，这样使得农业的重要性相对提高，对国民经济发展的促进作用增大。

（二）要素贡献

要素贡献是指农业部门的生产要素转移到非农产业部门并推动其发展。主要表现在三个方面：

1. 土地要素贡献

国民经济其他产业部门的发展通常需要农业部门释放和转移更多的土地资源作为其生产和活动的场所，比如城区范围的扩大、道路交通的修建、工矿企业的建设等。通常来看，非农产业对土地的需求是社会经济发展的必然，其所需土地多位于城郊或者农业较为发达的地区。从回报来看，农地非农化会使农民收益得到增加，对于农民来说是有益的。但从整个国家和社会层面来看，市场机制的过度自由发挥将不利于农业乃至整个国民经济的持续健康发展。因为农地资源属于稀缺性资源，供给相对有限且具有不可替代性，其规模的减少必然不利于农产品的有效供给和社会的长治久安。因此，在满足非农产业发展建设用地需求的同时，也要适当加以宏观调控。

2. 劳动力要素贡献

农业在人类社会发展的初期是唯一的生产部门，几乎所有的劳动力都集中在农业生产领域。社会经济的不断发展使得农业生产率得到了极大提高，其对劳动力的需求开始下降，由此出现了农业劳动力剩余，他们可以向其他非农产业部门转移，从而为非农产业的快速发展提供了必要的生产要素，并创造了最为基本的生产条件。由此可以看出，农业是非农产业部门重要的劳动力来源渠道，为它们的形成和发展做出了巨大贡献。但对于大多数国家尤其是发达国家来说，非农产业的快速发展以及机械化、信息化、自动化技术的不断普及与应用会导致其对农业劳动力的吸纳能力越来越低，并由此引发农业劳动力的结构性过剩，即低素质劳动力供给严重过剩，而符合要求的高素质劳动力却供给不足。大量剩余劳动力的出现已经成为制约我国社会经济发展的重大障碍。

3. 资本要素贡献

在经济发展的初级阶段，农业是最主要的物质生产部门，而工业等其他新生产业部门起点相对较低、基础薄弱，基本无资本积累能力。在这个阶段，农业不仅要为自身发展积累资金，还需为工业等其他产业部门积累资金。由此可见，国家早期的工业化以及新生产业的资本原始积累主要依赖于农业，农业为一个国家的工业化进程提供了重要的资本要素贡献。随着社会经济的进一步发展，非农产业部门凭借着较快的技术进步以及自然资源的使用不受约束等得天独厚的优势，使得其资本报酬要远高于农业部门，这种情况下要素的趋利流动规律又促使农业资本流向非农产业部门，再一次为非农产业的发展做出资本贡献。与此同时，鉴于非农产品的需求收入弹性要大于农产品的需求收入弹性，政府部门也倾向于将农业资本增量投向非农产业部门，通常政府会通过行政手段实现资本的转移。

（三）市场贡献

农业对国民经济的市场贡献主要有两点：

一是农民作为卖者，可以为市场提供各类农产品，以满足社会对粮食、肉类、蔬菜及其他一切农产品日益增长的需求。作为消费市场的重要组成部分，农产品市场的丰裕程度是衡量一个国家或地区市场经济是否繁荣的重要标志。农产品市场供给充足，流通量增加，不但可以促进相关运销业的发展，还有利于社会消费成本的降低，进而促进农产品市场体系的日趋完善以及农业要素市场体系的成熟发育。

二是农民作为买者，还是各类工业品的购买者，以满足自身生产与生活的需要。如以化肥、农药、农膜、机械、电力、能源等工业品为代表的农业投入品，和以服装、家具、家用电器、日常用品、耐用消费品等工业品为代表的农民生活用品。农村是工业品的基本市场，随着农业现代化步伐的加快以及农民生活水平的不断提高，农村对农用工业品以及相关的生产生活资料的需求将会日益增加，这就为未来工业提供了较为广阔的市场。

（四）外汇贡献

农业的外汇贡献有直接和间接两种方式。直接形式是通过出口农产品为国家赚取外汇；间接形式是通过生产进口农产品的替代产品，达到减少外汇支出的目的，从而为国家平衡国际收支做出贡献。在一个国家国民经济发展的初级阶段，农业外汇通常发挥着极为重要的作用。这是因为此时由于工业基础薄弱、科学技术较为落后，厂家所生产出的工业品一般不具备出口创汇能力。但同时，为了加快推进国家工业化进程，又急需从发达国家购买先进的技术、机械设备和各类原材料，由此导致了外汇需求量的增加。为了使外汇不足问题得到缓解，在国际上具有一定比较优势的农业部门必然需要在出口创汇中发挥重要作用，通过农副产品及其加工品的出口直接为国家换取大量的外汇。可以想象，如果缺少农业的支持，大多数发展中国家的工业化进程会因此滞缓。随着社会经济的不断发展，独立、完整的工业化体系会逐步形成。此时，农业外汇的贡献份额一般会下降。分析其原因主要是由于工业的壮大会导致其产品出口创汇能力的不断增强，并逐步成为国民经济出口创汇的主导力量。不过，农业外汇贡献份额的下降并不意味着其外汇贡献的消失，事实上，农业出口创汇的绝对量甚至还有可能增加。

第二章

农业劳动力与农业经济增长研究

第一节 农业劳动力供给与需求

一、农业劳动力资源概述

(一) 农业劳动力资源的概念

劳动力是指可以参加劳动的人，农业劳动力是指参加农业劳动的人，农业劳动力资源是对参加农业劳动的劳动力的数量和质量的总称。农业劳动力的数量，是由适龄的有劳动能力的劳动力数量，以及未达到或是超过劳动年龄的经常参与农业劳动的数量组成的。农业劳动力的质量，是指农业劳动力的实际状况，例如身体状况、农业劳动的技术掌握程度、农业科学技术水平等。

(二) 农业劳动力资源的特点

1. 流失性

这是指劳动者的服务能力不可以进行储存。如果不在一定时间内对劳动力的服务能力进行利用，那么就会导致其服务能力自行消失，该能力不可以储存到另一时间进行使用。所以必须在有效时间内对劳动力进行充分的利用。

2. 可再生性

劳动力具有可再生性，通过合理的利用，劳动力拥有的劳动能力可以恢复和进行补充，所以在利用劳动力时要注重科学合理性。劳动力的可再生性是建立在劳动者的休息得到保障的基础上的，并且还要为劳动者提供良好的医疗保健条件。

3. 能动性

这是指劳动者拥有主动性和创造性。在当今社会中，大部分劳动资料和劳动对象是通过人的劳动创造出来的。科学技术已经成为当今这个现代社会的第一生产力，但是劳动力依旧在生产活动中起着重要的作用。科学技术需要通过人类创造，需要通过人类使用。所以，要保证劳动力在生产活动中保持积极性，最大限度地发挥劳动者的主观能动性。

4. 两重性

这是指劳动力同时作为社会财富的创造者和消费者。与生产资料结合，劳动力就是创造者；不与生产资料结合，劳动力就是消费者。我国的农村人口大约为 7 亿，其中有近 5 亿的劳动力，3 亿多的农业劳动力。如果能充分合理地利用这些劳动力资源，就可以很大程度上推进我国农业发展；反之，这些劳动力资源会为国家经济造成负担，劳动力资源数量上的优势就变成了劣势。所以，我国的劳动力利用问题相较其他国家显得更为重要。

二、农业劳动力的供给

农业劳动力供给是指在一定时间内劳动力进行农业劳动供给的数量及质量。

（一）农业劳动力供给的基本特点

农业劳动力的供给资源主要来自农村人口资源。人口资源的状况是由社会、经济、文化和历史传统等综合状况决定的。农村社会的综合状况与城市状况相比，存在着极为鲜明的差异，促使农业劳动力的供给有其自身明显的特点。

1. 农业劳动力供给的增长具有强劲的经济推动力

农户不仅是一个生活消费单位，更重要的是一个生产运行单位。农户自身就是一个农产品再生产和农业劳动力再生产相统一的独立运行的社会经济单位。在科技水平相对稳定或提高相对缓慢的时期，农户为了维持生产的顺利进行和获得较高的经济收益，客观上需要一个较大的家庭人口规模。因为在以畜力、手工劳动为主的传统农业中，一个简单的农业劳动力所创造的农户经济收益，并不比一个经过教育培训的复杂农业劳动力所创造的收益低。这样农业扩大再生产主要是依靠外延扩大再生产的手段来实现，而且这种外延扩大再生产的手段就是依靠多投入简单农业劳动力的数量。所以，农户愿意以多生儿女的方式增加简单农业劳动力的投入，来扩大农户的生产规模，以获取更多的经济收益。因此，农业劳动力供给的增长有强劲的经济推动力。

2. 农业劳动力的供给具有较强的弹性

农业劳动力供给资源主要是来自农村人口资源，所以，农村人口资源的状况直接决定着农业劳动力供给资源的状况。在农村人口资源中，劳动力与非劳动力之间的界限并不十分明显，农业劳动力与非农业劳动力之间的界限也不十分严格。第一，在农村人口资源中，60 岁以上的老人和 16 岁以下的儿童，从法律角度和经济理论来讲，都不能划入农业劳动力供给资源，但是，这两部分人口无论是农忙季节、还是农闲季节，大多积极参与农业劳动，并且这两部分人口供给的劳动量还相当大。第二，在农户中，那些长期在外从事非农业的劳动力，在农业生产大忙时，也可能回来参加农业生产活动。第三，由于农户的家务劳动复杂而且社会化水平低，每个农户都需要一个较为固定的从事家务劳动的成员。所以，从这个角度看，在农村社区和城市社区人口数量相同的情况下，农村社区供给生产的劳动力与人口的比率相对要低。第四，农业自然资源对农业劳动的承受力有一定的弹性，不像在非农产业中，资金和设备吸纳劳动力具有明显的界限。只是由于农业生产的直接收益和比较收益较低，农户才不把全部时间投入到农业生产领域中去。由于以上几方面的原因，促成农业劳动力供给具有很大的收缩性，或者说具有很大的弹性。

3. 农业劳动力总供给量过大，而有效供给又严重不足

在以畜力和手工工具为主的传统农业中，农业劳动力的生产劳动技能主要是从生产劳动实践中获得，因此，一般农户对子女的学校教育重视不够，致使农业劳动力供给资源的总体素质偏低。随着社会经济的发展，传统农业向现代农业的过渡进程在加快，要求农业劳动力具有较高的科学文化素质。但是，在传统农业生产方式中形成的农业劳动力供给资源，却不能适应现代农业发展的要求。在传统农业向现代农业转变过程中，发生了农业劳动力供给资源过于庞大，而有效供给又严重不足的社会经济现象。

（二）农业劳动力供给的决定因素

研究农业劳动力供给必须考虑决定农业劳动力供给的决定因素及其各个因素的地位和作用。农业劳动力供给的决定因素，主要有农村人口及其结构、农业劳动的经济收益、农业劳动力的素质等。

1. 农村人口规模和构成直接决定着农业劳动力的供给资源的规模和构成

农业劳动力资源基本上是由农村人口资源中适宜劳动的人口资源构成的，农村人口就业也主要是在农业部门。因此，农村人口资源的规模与农业劳动力供给资源的规模呈正相关关系。农村人口的年龄构成对于农业劳动力供给的影响更加直接，农村人口各年龄段人口数量的分布状况决定着农业劳动力的变动趋势。

2. 农业部门经济效益的高低决定着农业劳动力实际供给的多少

劳动是人们谋生的手段，为了谋生和提高生活质量的需要，人们在就业选择中就偏爱那些劳动报酬高的产业部门，而不愿意到劳动报酬较低的部门就业。因此，农业部门劳动所得经济收益的高低，就决定着农业劳动力供给的多少。

3. 农业劳动力供给资源的素质状况决定着农业劳动力有效供给的多少

社会经济发展实践证明，最基本、最重要的社会生产力是人，最基本、最重要的社会经济资源是劳动力资源，尤其是掌握了一定文化知识和科学技术的劳动力资源。随着农业

科学技术水平的提高和推广，以及农业生产工具的升级换代，迫切要求农业劳动力供给资源素质的提高，以适应现代科技进步和农村市场经济发展的需要。在现实情况下，农村的经济、文化、营养和教育水准要比城市低。因此，农业劳动力供给资源的素质较低，难以适应农业市场经济发展的要求。在农业现代化的过程当中，身体素质和文化素质不高的农村适龄人口，就成为农业劳动力的供给资源。加之具有较高素质的农业劳动力向非农产业的转移，更加剧了农业劳动力有效供给的不足。所以在科技发展速度迅猛的时代，农业劳动力供给资源的素质状况，决定着农业劳动力有效供给的多少。

4. 农业劳动时间供给量的多少，同样是决定农业劳动力供给状况的重要因素

农业劳动时间供给有两个来源：一是参加农业劳动的每个农业劳动力每天的农业劳动时间和全年农业劳动时间的总和，二是非农业劳动力在农忙季节或其他时间参与农业劳动的时间。非农业劳动力包括未达到或超过法定农业劳动力年龄的农村人口，还包括农村社区中主要从事非农产业的劳动力在农忙季节参与农业劳动的农村人口。农业劳动力每个工日的长短、全年劳动工日的多少，受农业气候、农业劳动对象、农业劳动手段、农业劳动力供给规模和国家法律等因素的限制。不到农业劳动力年龄的农村人口在农业部门劳动，是经济、文化落后的一种表现，是与人权的道德价值和法律规定相违背的，但在贫困落后的农村又是一种生存需要，应该在农村经济发展过程中逐渐得到克服。主要从事非农产业劳动的农村人口，在农忙季节参与农业劳动，是城市化、工业化和农业现代化过程中的一种正常经济现象，但会随着社会经济发展水平特别是社会化服务水平的提高而逐渐减少。

三、农业劳动力的需求

农业劳动力的需求包括对农业劳动力的数量需求和质量需求两个方面。农业劳动力的数量需求是指农业部门维持再生产所必需的农业劳动力达到的一定数量；农业劳动力的质量需求是指农业部门维持再生产对农业劳动力文化、技能及健康等素质要达到一定的水平。从农业生产经营单位和国家或地区两个层面，对农业劳动力的需求分为微观需求和宏观需求。农业劳动力的微观需求是指农业生产经营单位为了维持农业生产的顺利进行和再生产，对农业劳动力的数量与质量需求；农业劳动力的宏观需求是指在现存的农业自然资源状况和生产力水平条件下，为了保证经济发展和社会对农产品日益增长的需要，整个社会对农业劳动力总量和质量的整体需求。

（一）农业劳动力需求的基本特点

1. 农业劳动力需求具有数量和劳动时间的季节性

农业生产的基本特点是自然再生产和经济再生产交织在一起。在农业生产的整个过程

中，不同的生产季节或不同的生产时期，对农业劳动力的数量需求和劳动时间长短的需求，存在着相当大的差异。在农作物播种季节、收获季节或出现自然灾害时期，农业生产对农业劳动力的需求非常大，对劳动时间需求很长，而且对时间的限制性相当严格；在农业生产的日常管理期间，对于农业劳动力的数量需求和劳动时间长度的需求，相对要少得多、短得多，甚至农业劳动力在一年中有很长的时间无农活可做。农业劳动力需求有数量和劳动时间季节性的特点，在很大程度上决定了农业劳动力的基本利用形式。

2. 农业劳动力的需求具有技能上的复杂性

农业内部各行业对于农业劳动力生产技能的要求极不相同，即使在一种行业内部，不同品种或同一品种的不同生产时期，对于农业劳动力生产技能的要求也存在着极大的差异。因此，农业部门对农业劳动力的需求具有技能上的复杂性。由于农业部门对农业劳动力生产技能需求复杂性的特点，培养训练出一个合格的、掌握多种生产技能的农业劳动力会比培养训练出一个专业化的工业劳动力还要难得多。为了提高农业劳动力的整体素质，以满足农业部门对劳动力的需求，需要农户和社会各个方面都要付出艰辛的努力才能够做到。

3. 农业劳动力需求的质量在提高、数量在减少

在农业自然资源有限的前提下，农产品社会总需求量的扩大，要求农产品商品率和农业劳动生产率都有与之相协调的增长速度。所以，农业劳动力需求的核心，是需求质量的提高，而不是数量上的扩大。然而，事与愿违，高素质的农业劳动力供不应求，低素质的农业劳动力供过于求。

（二）农业劳动力需求的决定因素

1. 农业自然资源的状况决定着农业劳动力潜在需求的大小

在农业生产过程中，农业自然资源既是农业的劳动对象，又是不可替代的劳动手段。在社会对农产品整体需求相对稳定、农业劳动力素质水平和农业生产力水平变化不大的条件下，农业自然资源数量越多，农业劳动力需求的数量也越多；农业自然资源数量越少，对农业劳动力的需求数量也越少。农业自然资源质量越高，如土地肥沃、气候适宜、雨量适中，对农业劳动力的需求数量越少；反之，农业自然资源质量越低，如土地贫瘠、灾害性天气频繁，对农业劳动力的需求数量也就越多。农业自然资源的质量与农业劳动力的需求量成反比。然而，农业自然资源的最明显也是最重要的特点就是数量上的有限性，有限的农业自然资源对农业劳动力的吸纳也是有限的。因此，无论社会对农产品需求状况如何，在客观自然规律的支配下，农业自然资源的数量和质量状况，决定着农业劳动力的需求数量和质量。社会可利用的农业自然资源的最终数量也就是农业劳动力需求的潜在极限。

2. 社会人口和经济状况决定着农业劳动力的宏观需求状况

①人口状况是决定农业劳动力宏观需求的基本因素。首先，总人口的规模越大，社会对农产品的需求也就越多，相应地对农业劳动力的需求也就越多；反之越少。总人口的增长速度对于农业劳动力宏观需求的变动具有巨大的影响力。其次，人们的食物构成对于农业劳动力的宏观需求也存在着较明显的影响力。现代畜牧业一般以种植业产品为能量转换来源。由于畜牧业生产比种植业生产多一次生产转化，并且能量的转化效率仅在10%左右，所以生产畜牧业产品比生产种植业产品所需要的农业劳动力要多得多。如果人们的食物构成以植物产品为主，则对农业劳动力的宏观需求就少；如果人们的食物构成以动物产品为主，则对农业劳动力的宏观需求量就多。②社会经济状况是决定农业劳动力宏观需求的根本因素。社会的产业结构不同，决定着社会对农业劳动力的需求量也不同。在非农产业部门中，有的部门直接以农产品为生产原料，另一些部门则无须以农产品为原料。因此，非农产业构成状况，对农业劳动力的宏观需求有很大的影响。如果在非农产业构成中，以纺织、食品、造纸工业为主，由于这些工业部门必须以农产品为原料，这些工业部门的发展必然刺激对农产品需求量的扩大，则对农业劳动力的宏观需求也就越多；如果社会非农产业构成中，以汽车、钢铁和电子信息工业为主，由于这些工业部门不以农产品为原料，则对农业劳动力的宏观需求就少。社会经济发展水平的高低，对于农业劳动力的宏观需求具有至关重要的影响力。社会经济发展水平高，意味着科学、教育、非农产业部门发达，则工农业劳动力素质好，资本有机构成高，工业劳动生产率高，对于农业劳动力的宏观需求就少；反之就多。

3. 政府的政策对于农业劳动力的需求状况也是一个重要的决定因素

①政府的人口政策对于农业劳动力需求状况的影响。如果一个国家的人口增长速度比较缓慢，政府可能采取鼓励人口增长的政策，人口资源的规模就会逐渐扩大，对农产品的需求也就会增加，社会对农业劳动力的需求也就会随之扩大；如果一个国家的人口增长速度过快，政府便可以采取限制生育的政策，人口的增长速度就会减缓，社会对农业劳动力需求的增长速度也就会随之减缓，甚至可以达到农业劳动力需求的零增长。②政府的教育政策对于农业劳动力需求状况的影响。如果政府重视教育事业，全社会的科学文化素质就高，劳动力的资源素质状况就比较好，人口规模就会以正常的速度发展，全社会对于农业劳动力的需求也就会在合理的环境中适宜变动。

同时，全社会的科学文化素质较高，特别是农业人口的文化素质较高，由于素质高的劳动力资源的形成，社会对农业劳动力的数量需求也就会自然降低。如果政府忽视了教育事业，全社会的科学文化素质就会低下，社会就要以劳动力的数量来弥补质量的不足，很多家庭就会盲目生育，社会对于农业劳动力的需求数量也就会扩大。

四、中国农业劳动力的供求特点

(一) 农业劳动力数量大，质量低

截至 2011 年底，中国共有人口 13.47 亿人，其中农村人口 6.57 亿人。该年中国有农村劳动力 4.05 亿人，其中农业劳动力 (第一产业) 为 2.70 亿人，占全国劳动力的 34.8%，占农村劳动力的 66.54%。新中国成立以来，随着农村教育的发展和通过开展扫盲活动，农民的文化水平有了较大提高，但总体上仍普遍偏低。2010 年底，农村劳动力的文化构成是不识字或识字很少的占 5.47%，小学占 26.51%，初中占 52.97%，高中占 9.86%，中专占 2.54%，大专以上占 2.65%。中国农村劳动力不仅文化程度低，而且大多数农民缺乏现代农业知识与技术以及市场经济观念，严重影响了中国农业现代化的进程。

(二) 农业劳动力供求矛盾十分突出

按照劳动力合理负担耕地面积来计算种植业所需劳动力约为 1.3 亿人，根据经济发展情况计算林牧渔业所需劳动力约为 0.25 亿人，2011 年我国农业劳动力为 2.70 亿人，农业劳动力供求相抵，剩余劳动力仍达 1.15 亿人。今后在一个相当长的时期内，随着农业劳动生产率的不断提高，土地资源有限，加上农村人口仍在继续增长，农业劳动力还会剩余出来，农业劳动力供大于求的问题仍会继续。

(三) 农业劳动力供求状况在地区之间存在着较大差异

如果某一时期在一个地区人口聚集过多，人口密度过大，每个农业劳动力可利用的土地资源过少，就会出现农业劳动力供给过剩，需求不足；反之，如果某一时期在某一地区人口聚集过少，人口密度过小，每个农业劳动力可利用的土地等自然资源过多，就会造成农业劳动力供给不足，不能充分利用土地等自然资源。中国各地的人口密度相差悬殊，由此导致了中国农业劳动力供求状况在地区间存在着很大差异。中国东南部地区，尤其是珠江、长江三角洲人口密度较大，劳动力平均负担耕地二三亩，农村劳动力供过于求的矛盾十分突出；西北地区人烟稀少，农村劳动力相对不足，影响了自然资源的充分合理利用。

第二节 农业劳动力的转移

一、中国农业劳动力转移的发展历程

从时间上看，我国农业劳动力转移可以改革开放为界，划分为两个比较大的阶段。

新中国成立之初，小农经济在我国农业中占有主导地位，生产力发展水平低，为了推动经济的快速增长，我国开启了粗放式的经济增长模式，将重工业作为推动经济发展的主要动力。通过计划经济，我国实现了大量的资金积累，在人均收入水平很低的情况下实现了较高程度的工业化发展，在1976年我国就已经成为"半工业化"国家。但是这种发展背景下，出现了工业结构不合理的情况，重工业的发展比例明显高于轻工业，一般情况下重工业资本和劳动力的比例很高，也就是说重工业可以提供的就业机会相对较少。所以，在这个时期工业发展并没有对农业劳动力的转移产生有效的推进作用。与此同时，该时期的农业生产采用的是集体生产制，这是为了向整个社会输送农产品，并且中央对农产品进行统一分配，意味着生产者并不会从农业生产本身中获取经济效益，也就不存在传统经济学意义上的以获取报酬为目的的劳动力市场，这种情况下劳动力无法实现自由流动。同时，当时实行农产品统购统销政策、户籍制度以及以人民公社制度为基础的一系列计划经济体制。在这种情况下，人为地将劳动力划分为了农业和非农业两种类型。这个阶段几乎没有发生农村劳动力的转移，甚至为了缓解城市就业和食品供应压力，还出现过将城镇人口强行转移至农村的情况。根据国家统计局的统计数据，1952—1978年，我国农业产值在国民生产总值的比例由45.4%下降到20.4%，年均下降速度为3%；同期农业就业比例仅由83.5%下降到73.8%，年下降率为0.5%[①]。可以明显地看出，农业就业份额下降严重滞后于农业产值份额下降，这也就是说我国就业结构的转换并无法适应同期产业结构的转换。

改革开放之后，开始实行家庭联产承包责任制，大大激发了农民开展农业生产经营活动的热情，粮食产量也开始迅速增加，长期以来难以解决的温饱问题得以解决，但是随着农业生产效率的提高，人均土地拥有率的问题开始明显显现出来。发展经济学提出，想要解决农业剩余劳动力的问题，就应该大力发展第二、第三产业，通过增加就业机会的方式带动剩余劳动力的转移。20世纪80年代，我国涌现出大量乡镇企业并迅速发展，为社会提供了大量的就业机会，以此为契机出现了以乡镇企业发展为主渠道的农业剩余劳动力的转移。但是，户籍制度将人口划分为农业和非农业，农村劳动力不能在城镇中享受城市保

---

① 李丽华，唐增. 我国农业劳动力转移及其影响的研究综述 [J]. 草业学报，2013（22）.

障制度的保护，所以农村劳动力的转移还是受到了一定限制。20 世纪 90 年代以后，随着我国改革步伐的迈进，城镇化和工业化进程更为快速，尤其是东部沿海地区，出现了大范围的劳动力转移现象，逐渐开始出现异地就业的比例超过本乡内就业的比例。

进入 21 世纪以来，城市经济持续发展，农业剩余劳动力的转移的范围也得到了进一步扩大，并不再集中于一些沿海经济开发区，而是在更大范围内实现了劳动力流动。近十年来，农业产值的下降率一直保持在 0.5% 左右，农业就业比例以年均 1.3% 的速度递减。由此可以看出，在这段时期农业剩余劳动力出现了大量和快速的转移。虽然在户籍身份的转换上仍然需要较长一段时间，但几乎没有影响农村剩余劳动力的大规模转移。

二、中国农业劳动力转移的特点

上海财经大学在 2013 年进行了"农村劳动力城乡转移状况"的调查，该调查在全国随机抽取分布在 21 个省级行政区的 30 个县级行政区，安排 30 个调查队到抽取出的行政区的 120 个行政村进行深入调查，调查农村家庭共计 6203 户，家庭成员共计 28 840 名。通过深入调查，对我国劳动力转移存在的主要特点进行了归纳。

（一）从驱动因素来看，农村适龄劳动力外出务工主要是为了提高收入

课题组开展实地调查研究，从调查样本中选择外出务工或是从商的适龄劳动力进行统计，发现这部分劳动力单位平均年收入可以达到 36 837 元，而从事自营性农业活动的适龄劳动力经过统计，发现他们的年均收入仅有 5625 元，可以看出二者之间存在较大差距。

据调查结果显示，高达 88.41% 的农民工外出务工的主要原因是为了获取更多收入，例如向往城市生活、为子女提供更好的教育等原因只是很小一部分原因，这就与上述提到的收入数据相互印证。在外务工的农民工月收入远远高于务农获得的经济收入，减去他们每月的平均开销，还能够剩下一部分钱贴补老家的日常开销。如果留在农村从事自营性农业活动，每个月的平均收入为 786 元，从收入上的对比就可以看出，经济原因是农村劳动力偏好于外出务工的主要原因。

（二）从流动方向来看，农村转移劳动力呈现就近跨省打工和高流动性特点

由于我国存在地区发展不均衡的现象，导致我国的农业剩余劳动力转移呈现出明显的不平衡状态。在我国东部沿海地区以及大型、中型城市的周边经济发达区，有人口规模大、土地面积小的特点，但是往往这些地区的非农产业较为发达，市场规模大，交通便利，劳动力可以从多种途径进行快速转移；我国西部地区人口规模小，占地面积大，但是非农产业较为落后，这些地区的市场规模小，交通不便利，劳动力的转移途径少，转移的速度也比较慢。就目前的农村劳动力转移情况来看，这些劳动力主要集中转移至广东、山

东、浙江、江苏、河南等地。可以看出,其中大部分都是沿海地区。

按照珠三角、长三角、京津冀等三大块经济区数据进行分析,珠三角的外来农村劳动力主要来自于广东、湖南、广西等地,在整体人数中占了绝大部分;长三角地区的农村劳动力主要来自于江西、安徽和江苏三地;京津冀经济区的农村劳动力主要来自于河北、山东以及安徽;三地农民工总数占了整体人数的70%多。由此可以看出,农村劳动力在选择务工地点主要是遵循就近原则,一般都会选择省内打工或是在较近的省份打工。农村劳动力选择就近城市务工,一方面是出于一种情感本能,所以选择离家乡比较近的省份、城市务工,在一定程度上可以满足他们的一种情感归宿感;另一方面是出于经济原因,选择比较近的省份、城市打工可以减少交通费用,帮助他们节省一部分资金开销。综上所述,农村劳动力会选择方便团聚、路费较低、收入较好的地区务工。

(三)从行业分布来看,农村转移劳动力集中分布于低技能劳动密集型行业

就目前情况来说,我国的农村剩余劳动力主要转移至第二产业,而只有较小一部分转移至第三产业。其中,从事工业和建筑业的劳动力人数最多。

我国农村剩余劳动力主要是转移至制造业和建筑业,前者主要是从事工厂生产的相关工作,后者主要是从事建筑工地施工的相关工作,两者所占比例约为56%。除了以上两个行业,批发零售业、交通运输业、住宿餐饮业等行业也属于农村劳动力比较集中的行业,这些行业的门槛比较低,所以农村劳动力比较容易从事相关工作。

对农村转移劳动力的转移途径来看,主要的途径有两种,一种为自行寻找,另一种为熟人介绍。大约超过90%的劳动力都是通过这两种方式在城市中寻找工作的,其中大约有40%的农村劳动力通过熟人介绍的方式寻找工作。由此可以看出,农村劳动力在城镇务工出现较为显著的"抱团就业"趋势。

(四)从返乡情况来看,农村转移劳动力返乡比例呈波动上升态势,非经济收入因素成返乡主因

根据此次调查结果显示,6900人表示有外出务工的经历,其中4761人有返乡经历,占总数的69%。通过观察近10年的数据统计情况,农村转移劳动力中长期返乡的人群整体比例随着时间的推移而波动增加。造成这一现象的一个重要原因就是,我国的惠农政策近年来一直在大力推广,农民也意识到了农村良好的发展前景。

根据调查结果看出,劳动力返乡主要是家庭生活建设方面的原因,例如结婚生子、赡养老人等,一般都是这种非经济收入类因素导致的。目前长期在农村生活工作的农村适龄劳动力中,有1688人有过外出务工的经历,其中有74.58%的人是外出务工后返乡达到半年以上的。在这部分劳动力中,22.51%的劳动力在返乡后依旧从事农业劳动。在外出务工返乡的劳动力中,有大约28.38%的劳动力是因为疾病或致残等不可抗力因素而被迫中

止务工活动的①。从总体统计数据来看，外出务工人员返乡的主要影响因素为家庭因素，也就主要是结婚生子和赡养老人方面的因素，而性别、地域的因素并不是主要影响因素。

三、中国农业劳动力转移的制约因素

改革开放以来，随着市场经济的不断发展，我国的农村剩余劳动力已经有很大一部分转移到第二、第三产业，想要保证城乡均衡发展，促进社会稳定，就要关注农村剩余劳动力的转移问题。总的来说，制约我国农村剩余劳动力转移的因素主要有以下几方面。

（一）社会经济发展水平制约

首先，农业剩余劳动力的转移和社会经济水平有直接关系，社会劳动力就业结构应该和经济发展水平相适应，只有这样才能促进经济增长和社会进步。随着社会的进步，经济发展水平也会不断提高，这必然会导致社会劳动力就业结构发生变化，从事第二产业和第三产业的劳动力人数会越来越多，尤其是第三产业。但是，我国目前还存在整体城市化水平不高的现象，城乡结构也存在不合理的地方，享受城市服务功能的人口规模并不大，并且目前有很多服务行业发展程度比较低，服务产业单位很大一部分为事业型、福利型单位，服务行业整体还处于向经营型、企业型转化的过程中，所以我国的第三产业目前面临一系列发展障碍。从产业结构的方面来看，我国第三产业的发展和世界上的发达国家有较大的差距；从产业就业结构的方面来说，与发达国家相比，我国的第三产业就业人口比重明显较少。

（二）制度制约

外出务工的农村劳动力一直面临着一个问题，他们在城市中工作往往会遭遇很多不公平的待遇，这一现象对这些农民工造成了严重的心理伤害，也在很大程度上影响了他们外出务工的积极性。而导致这一现象发生的主要原因就是没有完善的制度体系可以为农民工提供有效的保障。

1. 户籍制度造成的障碍

城镇和农村分离的二元户籍制是我国的遗留问题，近年来相关部门也在通过努力改善这一政策带来的诸多不便，但是并没有从根本上解决城乡居民各方面存在的差距问题，在社会地位、社保、住房、就业等很多方面，城乡之间依然存在很多差距。农村劳动力进城务工时，与当地拥有城镇户口的居民相比在竞争、待遇方面处于劣势，一方面加大了农村劳动力城镇就业成本，另一方面无法稳定就业促使这些劳动力在一段时间后会回到农村务

---

① 陈媛媛，陈旭东，陈莹，等. 如何让农民工真正"进城"——由农村劳动力城乡转移状况调查引发的思考[N]. 光明日报，2014-06-17.

农，从而形成逆向转移。

2. 歧视性就业政策造成的障碍

我国产业调整带来了大批的下岗职工，为了保证本地的就业，当地政府就可能会采取一些政策性措施对农村劳动力进城务工进行限制，这就对劳动力市场的发展造成了障碍，使农民更难外出务工。

3. 人权和社会保障带来的障碍

有一些地区的农村劳动力的权利无法得到合理的保障，农民工作为弱势群体总是成为被侵犯权利的对象，他们的人身权利得不到法律保护，还时常出现工资被拖欠的现象，也缺少全面的工伤、医疗等保险的保障。

（三）劳动力自身制约

1. 我国农村剩余劳动力规模大

随着工业化、城镇化进程的推进，对劳动力产生了更大的需求，我国的平均耕地资源少，拥有的耕地并不能承载我国拥有的全部农业人口数量，并且随着农业技术和设备的不断发展，农业所需的农业劳动力进一步减少，这就促进了农业劳动力向非农产业转移。同时我国高速的工业化、城镇化发展不可避免对自然造成了一定损害。马克思在分析"大工业和农业"的关系时指出，"资本主义生产使它汇集在各大中心的城市人口越来越占优势，这样一来，它一方面聚集着社会的历史动力，另一方面又破坏着人和土地之间的物质变换，也就是使人以衣食形式消费掉的土地的组成部分不能回到土地，从而破坏土地持久肥力的永恒的自然条件"[①]。这种对农业土地的破坏加之我国庞大的农业人口，进一步导致了我国农业劳动力的转移。除此以外，城乡居民之间存在较大的收入差距，城市化生活也对农村劳动力有较大的吸引力，这就导致了农村劳动力进城务工的规模持续扩大。

2. 农村劳动力素质较低

随着劳动力资源配置市场化程度的提高，以及由此带来的更大的就业空间，农业劳动力向非农产业的转移与其自身的素质有很大关系。我国的教育存在明显的城乡差距，这主要是因为农村的教育投资不足、管理体制不完善、办学效率低下等，这就导致了农村教育相对于城市教育明显落后，农村劳动力的整体素质也就比较低。近年来，城市经济方式发生了转变，由传统的劳动密集型开始转向资本密集型和技术密集型，这就对农村剩余劳动力向非农产业的转移造成了一定障碍，因为整体文化素质比较低，也不具备一定职业技能，导致了这一困难的形成。当前，很多企业在招聘员工的过程中总是会发现相关人员稀缺的现象，素质高技术好的技术人员是这些企业需求的员工，而这也正是人力市场上比较

---

① 马克思恩格斯全集（第23卷）[M].北京：人民出版社，1972.

稀缺的人力资源。因为大部分进城务工的农村劳动力并不具备相应的素质和能力，他们并没有接受过相应的职业技能培训，所以他们无法达到招工企业的要求，这种企业需求和人力素质的不匹配就造成了技工荒，技工荒实际上也是民工荒的一部分。就相关数据表明，我国农村劳动力中有 76.4% 没有接受过任何技术教育和培训。

3. 自卑心理、陈旧观念及文化背景差异

因为长期以来的二元户籍制度，以及一系列的城乡分离的现象，导致了城市人口对农村人口往往会抱有一种偏见，从而使农村劳动力在城镇务工时会遭遇排挤和刁难，这些不公平的待遇就导致了农村劳动力对外出务工产生了一定恐惧心理，也就对剩余劳动力转移造成了障碍。

（四）劳动力市场制约

随着农业生产水平的不断提高以及农业现代化进程的加快，农业内部劳动力消化能力越来越低，这主要从以下几个方面体现。第一，农业的产业化链条短，这就阻碍了农产品的流通，缺乏对农产品进行精加工的环节；第二，我国的工业化、城市化水平还有待提高，无法为农村劳动力提供足够的就业空间，就目前来讲，城市劳动力和农村剩余劳动力规模巨大，当前的工业化、城市化水平不足以消化所有劳动力；第三，科技发展和产业升级导致了产业结构的变化，劳动密集型企业逐渐减少，这就导致这类企业对农村剩余劳动力的吸收量相对减少；第四，第三产业的发展速度较为缓慢，社会化服务水平比较低，并不能为农村剩余劳动力提供太多就业空间。

（五）土地资源状况

我国实行土地承包政策，现行的农业政策对广大农民具有很大吸引力，使他们既可以选择进城务工，也可以选择留守务农。如果农民将户口迁至城市，那么就意味着失去了农民才拥有的福利，如果无法在城市中保证生存，也无法回到农村务农。土地使用权不可以进行自由流动，这就对农村剩余劳动力进行转移产生了一定束缚。

（六）新生代农村劳动力独具特点

随着时间的推移，80 后和 90 后农民工已经逐渐成为农村劳动力队伍中的中坚力量，相较于曾经的农村劳动力，这一代年轻的劳动力具有其自身独特的特点。首先，新一代的农村劳动力相较于曾经的农村劳动力，在文化程度方面有了显著的提升，拥有更加开阔的思想和思维，相对地对薪资水平的期望也比较高；其次，由于他们拥有较高的文化程度，所以就会出现就业观念上的一些转变，在选择职业时他们倾向于有一定技术含量的工作，而不愿意从事身体负担比较重的脏活累活，农业劳动力的结构也发生了改变，从事建筑工人这类工作的农村劳动力的减少，也是导致民工荒的一个主要原因。

四、中国农业劳动力转移的途径

在国务院印发的全国农业现代化规范的通知中，农村人力资源升级逐渐成为我国农村人力资源发展的一个重要途径。加快新型农民培育，提升新型农民的农户带动能力，是我国"十三五"规划的一个重要方面。除此之外，农村大规模劳动力的转型升级还应做到以下几方面。

（一）加快城镇化进程

1. 推动农业城镇化建设制度和政策创新

对于现行的二元户籍制度应该进行改革，并且应该关注小型城镇的社会保障制度问题，建立健全相应制度为农村劳动力提供法律和制度上的保障。通过改革和完善户籍制度和土地流转制度，促进劳动力可以在整个社会中进行自由流动转移，从根本上解决我国农业剩余劳动力的转移问题。

2. 积极寻找和启动小城镇发展经济的增长点

实际上，加快农业剩余劳动力的转移就需要加速经济的发展，尤其是那些小城镇经济的发展，通过发展产业促进农业城镇化的发展，并且应该充分考虑本地优势，结合本地资源特点树立重点发展产业，建立具有自身特色、发挥自身优势的小城镇。

3. 加强农业城镇基础设施建设

想要促进农业剩余劳动力的转移，一方面要降低农村劳动力进城务工的门槛，相关部门制定和实行一系列的优惠政策刺激农民进城；另一方面应该加强小城镇的基础设施建设，首先通过优化小城镇的生活环境可以提高吸引力，其次开展基础设施建设可以直接提供就业空间，为农村劳动力提供就业岗位，同时还可以改善本地的投融资环境，从而吸引国内外投资。

（二）实施综合配套改革

我国的户籍制度是引起城乡二元结构的根本原因，也正因为这种结构使农村劳动力在外务工会遭受不公平的待遇。为了从根本上改变目前的状态，保证农民工的权益，就必须对现行的户籍制度进行改革，将各种社会保障以及公共服务权益与户籍进行分离对待，促使农民享受与城市居民相同的待遇，从根本上改变农民工目前所处的环境，使他们不再受到歧视。除此以外，还要重视农村劳动力子女教育的问题以及农村劳动力的职业教育与培训问题，应该制定相应的政策解决这些问题，同时应该培养农民工建立起正确的社会保障意识，政府部门也应该针对农民工群体建立完善的社会保障体系，要禁止农民工就业限制和就业歧视的政策实行，利用各种方式方法在全社会范围内开展宣传教育，消除社会公众对农村劳动力的偏见和歧视。同时，应该完善农地流转制度，建立相应的土地流转中介服务组织，进行土地使用权的合法合理转让、出租和出售，这样使农村劳动力对于和土地分离保持良好的心理状态，降低他们外出务工的生活成本和心理成本。

（三）加强素质教育与职业培训

一个对农村剩余劳动力转移造成明显阻碍的原因就是农村劳动力的整体文化素质低，也不具备相应的专业技能。所以，为了推进劳动力转移，就应该注重农民的基础教育和职业培训。关于农村基础教育，政府应该加大对农村基础教育的投资，在农村兴办学校推进九年义务教育的普及，提高农村教师待遇，使农民建立良好的文化教育观念。关于职业技术培训，政府和相关部门应该面向有一定文化水平的农民开展职业技能培训，使他们能够掌握一定专业技术，从而可以从事相关方面的工作，在当前社会中更好地找到可以胜任的工作并能尽快适应环境。通过对农村劳动力普及基础教育和职业技能培训，推进农村劳动力的输出结构由体力型转向技能型。

（四）扩张农业内部就业容量

可以通过发展现代工业来吸收和消化农村剩余劳动力，但是依靠这种方式吸收我国农业中大量剩余劳动力需要很长的一段时间。并且，完全依靠本国资金发展现代工业，会消耗大部分工业化资金，这种资金使用方法会影响农业自身现代化的进程。很多人认为不可能通过扩张农业内部的就业容量进行剩余劳动力的转移，他们认为每年都会有大量农村剩余劳动力外流，并且农业领域容纳劳动力出现了绝对量下降的情况，所以断定不可能通过这种方式容纳农业剩余劳动力的流入。但实际上，农业剩余劳动力出现外流和转移现象的原因是他们追求更多的利益，也就是因为农业效益低下，农民无法获取令他们满意的利益才会选择外出务工，也就是说剩余劳动力的转移并不能说明农业内部不存在扩张就业的空间。为了挖掘农业内部的就业潜力，我们可以改良农业生产条件、调整农业生产结构、转变传统的农业经营方式，通过各个方面的改革创新来实现这一目标。具体可以通过以下几方面进行改革。

第一，加大力度建设农业基础设施，通过工程建设为农业劳动力提供就业机会，实现劳动力的农业内部消化。

第二，对农业结构进行合理调整，根据本地的实际情况以及市场的需求情况对农业产品结构进行调整，从而促进农业剩余劳动力可以在这种调整中实现农业内部就业。

第三，通过农业产业化可以拓展农业内部的就业领域。农业产业化经营可以延长农业产业链，实现农业生产的产前、产中和产后等各个环节的有机结合，促进农产品形成一个产、供、销体系，使农业劳动力在农业内部就业渠道不再只是局限于农业生产部门，使农业可以涉及农产品的生产、加工、储存、运输和销售等多个部门，为农业剩余劳动力提供更多就业机会。

第四，加大力度发展开发性农业。开垦适宜农耕的荒地以及其他未开发的农业资源，对中低产田进行科学合理的土地改造，提高土地复种指数。

（五）进一步巩固和发展乡镇企业，加快其产业结构调整

我国超过60%的农产品加工业集中在城市，这增加了农产品加工成本，降低了农产品加工业的竞争力，城市的集聚效应也无法发挥。随着城市产业结构的战略性调整，乡镇企业会从中获取很大的发展空间。有很多大中型城市在开展产业升级以及产业结构调整。乡镇企业应该把握这种调整带来的巨大发展空间，充分发挥其劳动力资源以及农副产品资源的优势，进行产业转型，从资金密集型、技术密集型的重加工行业转向劳动密集型的轻工产品，大力发展农副产品加工业等可以直接为农村和农业提供生产投入品和生活消费品的工业。通过这一方法可以实现乡镇企业的转型，建立合理的产业结构，和城市工业建立互补双赢的关系。

（六）大力开拓国际劳务市场

我国的劳务输出在世界范围内处于较为落后的地位，和发达国家有一定差距，还落后于许多发展中国家。我国具有十分丰富的劳动力资源，是世界总劳动力资源的五分之一，但是我国的劳务输出却在世界上占十分小的比重。通过对国际劳务市场进行科学合理的分析，可以看出国际劳务市场依然有能力吸收新的劳动力，并且随着老龄化趋势以及区域一体化趋势的发展，都为我国的劳动力资源输出提供了新的机遇。政府以及相关部门应该对于劳务输出放宽政策，促进我国开拓国际劳务市场。

五、中国农业劳动力转移的影响

（一）对社会结构的影响

农业劳动力转移可以提高农民的收入，可以促进经济的增长，但同时也会对社会带来一定负面效应。因为没有一套健全的保障体系可以为农民工提供合法权益以及社会保险的保障，导致了城市治安出现不稳定的现象；适龄农村劳动力外出务工导致了农村留守儿童以及空巢老人等问题。

农民工进城务工，推进了城市经济的发展，但是并没有全面合理的保障体系为他们的利益提供保障，使他们在城市中处于一种边缘化的生存状态，同时这也对城市本身造成了不稳定，对城市治安带来了消极影响。为了获取更多利益，大部分农村适龄劳动力都选择

外出务工，滞留在农村的人口一般以老人、妇女和儿童为主，这种留守人员的组成为农村治理带来了一定挑战。并且，越来越多的女性也开始选择外出务工，这就导致留守农村的多为老人和儿童，由此就出现了很多空巢村的隐忧。

（二）对经济发展的影响

农村剩余劳动力转移促进了我国产业结构升级以及城镇化发展。农民工是城市和农村的纽带，推动了城乡间的劳动力资源的优化配置，也促进了城乡生产力的优化布局，将工业化、城镇化、现代化有机地联系在了一起，在城乡二元结构的条件下对城乡劳动力、城乡关系进行调节，推动了城乡结合的发展路线。农村剩余劳动力转移为我国深化改革、扩大开放、推动科学发展、促进社会和谐、加快工业化和城市化进程、推进社会主义新农村建设，做出了特殊的历史贡献。

第三节　农业劳动生产率及提高

一、农业劳动生产率的含义

农业劳动生产率指农业劳动成果与劳动时间的比率，可以反映农业劳动者的生产效率。一般情况下通过农业劳动者在单位时间内生产的农产品数量进行表示，也可以用生产单位农产品所消耗的劳动时间来表示。

农业劳动生产率可以用公式进行表示：

$$农业劳动生产率 = \frac{农产品数量}{农业劳动时间}$$

$$农业劳动生产率 = \frac{农业劳动时间}{农产品数量}$$

上述两个公式是农业劳动生产率的定义性公式。如果进行实际计算，需要将农产品数量和农业劳动时间进行具体化。

农产品数量是指农业劳动的实际劳动成果，可以用具体的实物量进行表述，例如农畜产品的总数量或商品数量；可以用具体的价值量进行表述，例如总产值、增加值、利润等；可以用具体的作业量进行表述，例如耕地数量、收割数量等。在进行单项农产品的劳动生产率计算时，一般都会采用实物量作为指标；在进行综合劳动生产率时，一般会采用价值量作为指标；在进行劳动的工作效率分析时，一般采用作业量作为指标。

一般情况下，农业劳动时间只包括农业劳动者花费的活劳动时间。但在进行农业劳动者的计算时，可以是包括直接从事农业生产的劳动者，也可以是包括间接从事农业生产的劳动者在内的全部劳动者。后者是指将为农业生产提供服务的劳动者也纳入统计单位，例如提供育苗、提供农耕技术、提供专业工具的专业劳动者。当社会处于生产力水平较低的阶段时，农业生产主体需要自行完成这一系列农业生产活动，随着农业社会化水平的不断提高，这些活动可以由专业的服务组织来完成。按照直接劳动者还是按照全部劳动者进行农业劳动生产率的计算，会产生不同的计算结果，所以要在不同的需求下选取不同的指标。在计算某个农业生产主体的农业劳动生产率时，按照直接劳动者进行计算；在计算较大的地区或一个国家的农业劳动生产率时，按照全部劳动者进行计算。在进行计算时，劳动时间的单位也可以进行不同的选择，可以按照年、天、小时进行计算。

二、提高农业劳动生产率的意义

农业劳动生产率的不断提高是历史发展的必然结果。随着社会的不断发展，农业劳动生产率也必须随之提高，科学技术的发展可以为农业劳动生产率的提高提供条件。农业劳动生产率的高低是判断一个国家农业发达程度的标准。

（一）提高农业劳动生产率可以降低农产品成本

劳动生产率的提高就会减少单位农产品所耗费的活劳动，活劳动的耗费是组成农产品成本的重要部分。所以，提高农业劳动生产率就可以理解为农产品成本的降低，这就会促进农产品竞争力的提高，促进农业生产的经济效益的提高。

（二）提高农业劳动生产率是改善农民物质文化生活的决定性条件

首先，提高农业劳动生产率，可以在一定程度上降低农产品的单位成本，从而提高经济效益并增加农民的经济收入；其次，提高农业劳动生产率，可以压缩农业劳动者的工作时间，这样就会有更多的闲余时间，利用这些时间可以休息、娱乐，可以进行科学文化知识的学习，以此促进农业劳动力的全面发展。

（三）提高农业劳动生产率是发展农业的根本途径

根据农业劳动力的利用，基本上有两种途径可以增加农产品，增加社会劳动时间和提高劳动生产率。前者主要是通过增加劳动者的数量、增加劳动者的工作时间或提高劳动者的劳动强度来实现；后者是通过减少单位产品上所消耗的劳动时间实现的。如果仅靠增加劳动者数量来增加商品数量是不符合社会发展的要求的，利用增加劳动时间促进农业的发展也具有很大的局限性，并且增加劳动时间在长期角度是不利于发展的。但是劳动生产率可以随着科学技术的发展不断提高，是符合社会发展要求的发展方式。

（四）提高农业劳动生产率是加快国民经济发展的重要保证

提高农业劳动生产率，一方面，利用剩余的农产品可以更好地满足国民经济其他部门发展对农产品的需要；另一方面，通过生产率提高解放出的大量劳动力可以填补其他部门的劳动力缺口。

三、农业劳动生产率的影响因素

有诸多因素都可能会对农业劳动生产率造成影响。马克思认为，劳动生产率是由工人的平均熟练程度，科学的发展水平和它在工艺上应用的程度，生产过程的社会结合，生产资料的规模和效能，以及自然条件决定的。所以可以将影响农业劳动生产率的因素归纳为以下几方面。

（一）自然因素

这是指自然环境提供的各项条件，包括地理环境、气候情况、水利条件等。如果在优越的自然条件下开展农业生产，就能在相同的劳动时间内生产更多的农产品，也就是农业劳动生产率相对较高；如果在恶劣的自然条件下开展农业生产，就会导致单位时间内生产的农产品少，也就是农业劳动生产率相对较低。

（二）技术因素

这是农业现代化发展水平的一种体现，包括农业生产技术、物质技术装备、现代管理手段等。显而易见，农业现代化的发展水平越高，土地的生产率就越高，对劳动力的需求相对较小，而劳动生产率就会较高。

（三）经济因素

经济因素是指经济方面对农业生产会造成影响的因素，包括经济体制、市场体系、经营规模、生产结构、经济发展水平等。良好的经济环境和经济产业结构，可以为农业发展提供良好的市场条件，可以促进农业资源实现更为高效的市场分配，最终提高农业劳动生产率。

（四）社会条件

社会条件是指社会环境为农业生产提供的各项条件，包括人口的增长速度、农业劳动力的转移速度、农村教育和卫生医疗条件等。例如，人口的增长速度降低，农业劳动力的转移速度提高，就会导致人均自然资源拥有量增加，这就会引起农业劳动生产率相应地有所提高；农村教育程度高，卫生医疗水平高，农业劳动者的素质就会有所提高，这就会导致农业劳动生产率的提高。

四、提高农业劳动生产率的途径

对农业劳动生产率产生影响的因素有很多，但是在不同的国家，在不同的发展阶段，需要面临的主要影响因素并不相同。根据我国现阶段的发展情况和实际国情来看，提高农业劳动生产率的主要途径有以下几种。

（一）提高农业的物质技术装备水平

在农业生产中使用先进的农业机械设备、化肥农药等生产资料，可以减少活劳动的投放，同时还可以提高土地生产率，这样就可以促进农业劳动生产率的提高。对于我国的当前情况来说，我国农业的整体物质技术装备水平比较低，尤其是在农业的机械化和设施化方面水平较低，所以通过提高农业物质技术装备水平实现农业劳动生产率的提高是一个科学有效的途径。但是在使用农业机械时要有所选择，根据实际情况推进农业的机械化和设施化，保证被替换的劳动力可以进行合理安排。

（二）合理利用和改善自然条件

自然条件对农业生产会产生很大影响，所以想要提高农业劳动生产率可以通过对自然条件进行合理的利用和改善。我国国土面积大、跨度大，各个地区体现出各自不同的自然条件，按照不同的情况合理地安排农业生产，是提高农业劳动生产率的一个关键环节。同时，还应该加大对农业基本设施的建设，对不利的农业生产条件进行改善，以此减少自然灾害对农业的威胁，这对于提高农业劳动生产率也有重要意义。可以看出，对自然条件进行科学合理的利用和改造，是提高农业劳动生产率的重要途径。

（三）提高农业劳动者的科学文化素质

科学技术已经成为当今推动经济社会发展的重要动力，其在农业生产发展中的作用也很明显，并且这种重要性随着科学技术的不断进步而与日俱增。现代农业是离不开先进的科学技术的，农业机器设备的运用、现代化的农业经营管理等，都需要科学技术的支持。当前，我国农业劳动者的整体文化科学素质较低，这是制约农业发展的障碍，也是提高劳动效率的障碍。所以，应该加大对农业劳动者在科学文化素质方面的投资，提高他们的整体素质，以此为基础提高农业劳动生产率。

（四）建立合理的劳动组织形式

应该科学合理地建立劳动组织，实现劳动组织形式与生产力发展水平相协调，按照客观实际的生产需求开展分工与合作，这样可以促进农业劳动生产率的提高。按照农业发展的必然要求，农业需要实行家庭经营制度，但是家庭经营对于推动农业发展有局限性。想要进一步推进农业的发展，就需要建立符合发展力水平的劳动组织形式，就是在坚持家庭经营基本制度不变的前提下，对农业组织制度进行改革创新。按照我国目前的发展情况，应该建立各类专业合作社、农业产业化经营组织，还需要推进农业社会化服务组织的发展。

（五）推进农业适度规模经营

我国的农户经营规模比较小，这也会影响农业劳动生产率的提高。所以，应该加大力度推进工业化和城市化的进程，加快农业剩余劳动力转移。除此以外，应该对农地使用权的流转机制进行完善，调整农业经营的规模，推进农业劳动者与生产要素的最优配置。这些行为都可以促进我国的农业劳动生产率进一步提高。

根据我国的实际情况，提高农业劳动生产率需要对两个问题进行良好的处理。首先，处理好农业劳动生产率和农业劳动力利用率之间的关系。提高农业劳动生产率，就是减少单位农产品中的活劳动耗费，这样就会节省出劳动力，必须对这些劳动力进行合理安排。因为只有这样才能保证劳动生产率得到提高的同时，劳动利用率并没有下降，保证这种提高是有意义的。其次，处理好劳动生产率和土地生产率之间的关系。二者之间的关系并不是确定的关系。土地生产率的提高一般会引起劳动生产率的提高，但是有些时候，劳动生产率的提高可能会引起土地生产率的降低。我国人均拥有土地面积小，虽然我国国土面积大，但是土地仍属于稀缺资源，这就要求我们在提高农业劳动生产率的同时保证土地生产率。

第四节　农业人力资本与人力资源开发利用

一、农业中人力资本的作用

人力资本是农业生产力的一个重要因素，随着时代的进步，现代农业对人力资本提出了新要求，要求科技知识水平、实际操作水平比较高，并且具有一定实践经验的知识型劳动者。现代农业在生产经营过程中会使用现代技术和工具，这就要求有较高人力资本积累的劳动者进行操作和实施。同时，现代农业生产越来越专业，对农业经营管理者的要求也有所提高，要求他们有较高的人力资本积累，并通过先进、科学的管理技术组织和协调农业生产。人力资本积累较高的农业劳动者一般会有较高的身体素质、文化素质、科技素质、经营管理素质、思想道德素质。农业人力资本会对农业中的劳动生产率、收入结构以及农村剩余劳动力转移产生影响，而这些因素和农民收入有紧密联系。具体来说，农业人力资本对农民收入的影响主要包括以下三方面。

（一）农业人力资本对农业劳动生产率的影响

随着农业现代化的发展，在农业生产经营中，投入的现代生产要素越来越多，其使用范围也在逐渐扩大，这就要求从事农业生产经营活动的农民具备较高素质，这样才能更好地掌握各种现代生产要素的性能，并通过对它们的认识科学合理地进行生产要素组织，以此降低农产品的生产成本，提高各种生产要素的利用率和产出率，这样可以更好地生产附加值高的农产品，增加经济效益。具有较高人力资本积累的农业劳动者相对地也具有较高的劳动生产率水平。

（二）农业人力资本的积累对农业剩余劳动力转移的影响

农业剩余劳动力会对提高农民收入造成一定障碍。文化程度高的农民会更容易掌握现代化的知识和技术，这可以使他们更好地被农业以外的行业所接受。根据相关调查显示，不同文化程度的农村劳动力会出现不同的就业分布。总体上来说，文化程度低的农村劳动力绝大部分都是从事农业劳动的，而文化程度高的农村劳动力从事农业的比例较少，这其中会有很大一部分从事第二、第三产业，并且这种比例随着文化程度的提高而加大。同时，劳动力文化程度越高，从事农业以外的劳动时间也越长。可以看出，提高文化程度可以促进农村劳动力从农业向第二、第三产业转移，大量的农业剩余劳动力转移到非农行业，可以使农民的人均资源占有量有所提高，从而促进农民收入的增加。

（三）农业人力资本的积累对农业生产结构和农村产业结构变革的影响

人力资本要素很大程度上制约了农业生产结构的发展，导致传统农业生产结构单一、落后。其中，农民的意识形态、价值观念、知识文化水平、科学技术水平等都是对农业生产结构产生影响的人力资本要素。所以想要打破传统的农业生产结构，对单一、呆板、落后的状态进行改革，就需要改变农民的思想观念，并培养他们的相关素质，提高他们的生产技术和经营管理水平，并且应该充分了解和掌握外部信息，通过一系列方法，农民的观念会自行转变，主动打破自给自足的传统农业生产观念，按照市场经济的要求建立更为科学、合理的农业生产结构和农村产业结构。拥有先进思想观念的农民通过自身行为将现代文明、现代生产方式传播到农村，促使落后的农业模式得以转变，从而提高农民的整体收入水平。

从以上分析可以看出，随着农民素质的提高，农民的收入水平也会提高，所以通过提高农业人力资本的积累，很明显地可以促进农民收入的增加，促进农村经济全面发展。

二、农业劳动力智力开发

劳动力智力是指劳动力可以认识自然规律和经济规律，并能动地从事经济活动的能力。劳动力智力的形成、发展以及能动作用的发挥，都会受到诸多因素的影响，例如生理条件、受教育程度、实践经验、政治经济环境等都会对其造成影响和制约。农业劳动力智力开发是指通过各种方式提高农业劳动力智力，并对其进行充分利用的一系列活动。具体来说，劳动力智力开发主要是对劳动人口开展科学知识和先进技能的教育培训，提高劳动力的科技素质和文化素质，并使用科学有效的方法充分利用劳动力智力。

（一）农业劳动力智力开发的重要性

1. 促进农业劳动生产率水平提高

在农村经济发展过程中，影响劳动力智力的主要因素是文化程度和技术教育程度。文化素质是劳动力进行智力提升、发挥能力的充分条件，技术素质是劳动力智力形成、发展以及发挥能动性作用的必要条件，这是指必须在一定文化素质基础上，劳动力才能快速有效地应用非物质性和物质性的科学技术，现代科学技术只有通过具有一定文化素质的劳动力的使用才能发挥作用，成为现实生产力。劳动力生产技术的提高以及经营管理水平的提高都可以反映二者的有机结合，这也规定了劳动力智力水平和能动性作用发挥的方向和可能限度。

2. 推动农业剩余劳动力得到充分利用

随着科学技术的迅猛发展，社会竞争的愈加激烈，农业劳动力智力水平很大程度上决定了劳动力对社会变革以及生产方式变化的适应能力，决定劳动者的就业能力、收入水平、对社会的贡献，同时也会影响劳动力从农业向其他行业转移的规模、速度以及稳定性，影响对劳动力进行综合开发的速度以及可以获得的成效。开展劳动者智力开发活动，可以推动农业集约化生产和规模经营的发展，可以促进农业劳动者向第二、第三产业转移。如果农业劳动力智力水平比较低，就很难使他们产生思想观念的转变，很难接受和学习新的知识和技术，从而很大程度上限制了他们的就业空间，也就很难进行跨产业转移，这些劳动力就只能在农村从事传统农业劳动。这不利于农业生产的发展，也不利于农民收入的提高。

3. 为社会经济发展提供"无限"动力

劳动能力是劳动者在生产过程中运用体力和智力的总和。人的体力会根据生理状态发生变化，并且会随着生理死亡而消失。人的体力不是无穷的，体力的作用也存在一定界限。智力是人们从事各项活动所必须具备的认识能力的一种集合，智力可以通过学习和培训进行提升，可以持续、稳定地发展。随着人们受教育程度的加深，社会实践积累的阅历的增加，人的智力可以持续、无限发展，智力的作用在某种程度上说也是接近无限的。马克思指出："固定资本的发展表明，一般社会知识，已经在多大程度上变成了直接的生产力，从而社会生产过程的条件在多么大的程度上受到一般智力的控制并按这种智力得到改造。"这一说法是对智力的核心作用进行了肯定，明确了智力是推动社会进步和经济发展的核心因素。

4. 影响区域经济的协调发展

区域经济的协调发展，是指区域内各要素协调发展，除了保证各个要素的发展外，还要保证科学、合理的要素配置。农业劳动者是推进经济建设的主要动力，也是开展建设的主体，是生产力发展的能动的、决定性因素。开展农业劳动力的智力开发活动，一方面可以直接作用于劳动者，提升农业劳动者的能力；另一方面可以帮助劳动者更好地掌握先进的生产技术和管理方法，从而实现对其他要素进行科学合理的配置和流动进行有效推动。劳动者同时是生产者和消费者，劳动者在数量上的增加，可以实现整体体力的增加，但是这并不代表一定可以有效地发展生产力。农业劳动者如果不具备一定的智力水平以适应先进的生产知识和技能，就不可以有效地使用现代化生产工具，也就无法实现生产要素的科学、合理配置，这种情况会对生产力的发展造成阻碍。所以说，农业劳动者智力开发会对区域经济的协调发展产生影响。

（二）我国农业劳动力智力开发的主要问题

我国农业劳动力智力开发受到很多因素的限制，例如人口规模、经济水平、发展水平、教育条件等，这就导致劳动力智力开发存在一系列问题。为了推进农业的发展就需要提高农业劳动力的综合水平，促进他们的全面发展，从而实现最终的理想状态，也就是"社会化的人，联合起来的生产者，将合理地调节他们和自然之间的物质变换，把它置于他们的共同控制之下，而不让它作为盲目的力量来统治自己；靠消耗最小的力量，在最无愧于和最适合于他们人类本性的条件下来进行这种物质变换"。①

1. 智力开发程度低

在 20 世纪末，我国有 4.6 亿农林牧渔业劳动力，其中有 1 亿多人是文盲和半文盲，占整体人数的 22.7%，有 2 亿多人只有小学文化程度，占整体人数的 45.5%②。在 35 岁以下的青年劳动力中，只有不足 17% 的人具有高中以上的文化程度，农村劳动力中只有 5% 的人接受过职业教育和培训。由此可见，农村劳动力的普遍受教育程度低，尤其是内陆地区，这一现象更为明显。例如，根据全国第四次人口普查的结果，宁夏西海固地区文化程

---

① 马克思恩格斯全集（第 4 卷）［M］. 北京：人民出版社，1995.
② 李吉花，孙国庆. 提高长春市农民科学素质建议［J］. 科技视界，2013（31）.

度达到大学水平的人口仅占该地区总人口的 0.475%，达到高中水平的人口仅占该地区总人口的 3.092%，12 岁以上的人口中有 33.5% 为文盲和半文盲，其中青壮年文盲占 25.38%，超过了全国平均水平的将近 10 个百分点①。

2. 智力开发面窄

在进行农业劳动力智力开发时，一般只着重推广和普及现代化农业技术，但是农业和农村的发展不仅仅是依靠农业技术的，同时还涉及范围十分广泛的多种知识及技术，所以不应该局限地看待智力开发，而是应该扩宽智力开发面。

3. 智力开发的条件差

我国农业长期以来处于较为弱势的地位，国家对农业的投入也比较低，其中只有很少的一部分用来进行农民的职业培训。通过各种农业科技知识和技术学校、培训机构等，有一批农业劳动力掌握了先进的技术和知识，成了科学种植养殖能手和科学致富带头人，但是这部分劳动力的数量太少了，在 9 亿农民面前并不能起到很大的引领作用，目前还有很大一部分农民因为农村的教育经费有限、缺少农业推广人员等问题，无法接受农业科学知识和技术的教育和培训。

4. 智力开发的观念落后

首先，很多相关领导干部和群众并没有意识到农业劳动力智力开发的重要性和必要性，并没有为智力开发的发展创造出良好的环境。其次，农村职业培训还是倾向于灌输式教育，而不是农业劳动力自觉主动地寻求学习机会，导致这种教育是被动的而不是主动的。一些具有一定文化知识或是有一定判断能力的新一代农民，会分析从事农业生产的投入和产出，当发现所得经济效益并不合算时，他们一般不会花钱学习农业科技知识和技术，相较于在农业教育上自我投资，他们更情愿离开农村寻找其他工作机会，并不愿意留在农村务农。

（三）我国农业劳动力智力开发的具体途径

农业劳动力智力开发存在的问题会影响农业和农村经济的发展，也不利于不同产业部门进行协调可持续发展。所以针对以上问题，应该采取有效途径进行农业劳动力智力开发，解决问题，促进发展。

1. 强化智力开发的战略地位，建立健全智力开发的推动机制

应该使各级政府以及领导部门充分意识到农业劳动力智力开发的重要性，应该组织专门的机构负责相关工作，并且安排专门领导负责相关工作，在有需要时可以实行领导承包责任制，确保每一层级的工作得以落实，并对其执行进行有效监督，动员各个相关部门配

---

① 李龙堂，文米宝. 宁南（西海固）地区劳动力资源的特征及评价 ［J］. 中国科协学术年会，2000.

合工作，按照需求提供相应的人力、物力和财力，特别是应该拨出专项财政预算资金，对智力开发整体工作制订战略计划，以及中期、短期计划。同时，应该充分利用各种传播宣传手段进行宣传教育，使农民认识到智力开发的重要性，让他们了解智力开发对他们自身的益处。农业劳动力智力开发是一项庞大复杂的系统工程，不论是从近期还是长期角度来看，都需要宏观和中观环节强有力的外向推动，同时还需要微观环节的有力配合。

2. 增加农村教育经费的投入，不断深化农村教育综合改革

在制订教育发展计划时，一般都是将数量规模作为重点，却没有相应的条件和投入为其提供保障，这在很大程度上阻碍了教育发展计划的有效实现。农村教育经费投入问题如果长期得不到根本上的解决，肯定会对农业劳动力智力开发产生影响，从而对农业现代化的发展形成障碍，在整体上还会影响我国"科教兴国"战略的落实，不利于我国社会主义现代化事业的发展。目前，我国农业教育结构和农业劳动力智力开发之间存在一定矛盾，这就在于只将基础教育作为重点，却忽略职业教育的重要性。所以在建立现代农业教育体系时，应该将发展农村经济作为中心，通过科学技术推动体系的建立和完善，从而满足和实现农民的实际需要和愿望，重视和强化基础教育，同时要重视农民的职业教育和成人教育，充分利用各种教育机构和教育方式开展教育，对全体农民进行相应的教育，不仅是对青少年，而是包括各个年龄层次的广大农民，使农业教育体系成为一个多层次、多形式的科学有效的教育体系。

3. 建立科技推广疏导机制，以科技推广促进劳动力智力开发

通过科技推广应用促进劳动力智力开发是一种智力推动智力开发的途径，农业劳动力通过学习和掌握先进的科技成果，可以提高他们的科学文化知识水平，掌握一定农业生产和管理经营的相关技能，从而使自身智力水平得以提高；同时，在农业劳动力运用科技成果时，还可以获取智力开发带来的收益。所以，必须在农村建立起科技服务中心，并增设科技推广网点，还要对其进行完善，最终形成一个科学有效的科技服务和推广网络体系。一方面，可以通过引进合适的先进农业科学技术，填补空缺、扩大储存量，加快农业科学技术的流通和转化；另一方面，培养相应人才组建推广科技成果的专业队伍，扩大科技推广应用面积，建立并完善以科技推广应用促进劳动智力开发的疏导机制。

4. 努力提高农业劳动力的健康水平

我国一直在控制农村人口方面十分重视，并开展了很多相应的工作，但是对优生优育不够重视，但是做这方面的工作是开展农业劳动力智力开发工作的一个重要基础。目前，我国农村的卫生保健、医疗条件等方面都存在很多问题，农民也没有健全的生育健康意识。所以，各级政府不能只关注农村人口数量的问题，还应该注重农村人口的健康问题，根据当地的实际情况，制定科学合理的智力开发战略。

第五节 农业人力资源的社会保障

为了推进我国农业和农村的全面发展，就要消除农民对社会保障问题的担忧。政府应该采取相应的措施为农村劳动力提供良好的社会保证，积极地消除农村人口和城镇人口在社会保障方面的差距，实现城乡间的均衡发展。

一、推进农村综合改革，提供体制保障

（一）农村综合改革要点

2006年，国务院召开了全国农村综合改革工作会议。随后，国务院下发了《关于做好农村综合改革工作有关问题的通知》，对农村综合改革工作做出了全面部署。

1. 将转变政府职能作为重点，推进乡镇机构改革

在推进乡镇机构改革时，要充分考虑当地实际情况，尽量精简效能，并且坚持保证权责一致，根据现实开展政府职能的转变工作，精简机构人员，进一步提高行政效率，并且建立健全相应的行政规范。

2. 将落实教育经费保障机制作为重点，推进农村义务教育改革

为了提高农村人口的文化水平，应该普及农村九年义务教育，对现行的农村义务教育体制进行改革，投入一定资金开展教学，提高农村办学教学质量，加快农村义务教育发展，尽快实现所有适龄农村孩子都可以接受相应的教育。

3. 将增强基层财政保障能力作为重点，推进县、乡财政管理体制改革

对县、乡财政管理体制进行改革，应该注意以下两点。第一，实现公平公正以及有效的财政分配，逐步推进城乡间的公平财政分配支出；第二，解决县、乡财政面临的困难，要帮助基层机构解决财政问题保证其正常运转，防止它们通过不合理收费的方式保证自身运行。开展改革的主要内容包括以下部分：加大对农业、农村建设的财政投入，进一步加大支农资金整合力度；建立和完善政府财政转移支付制度，保证政府基层组织可以顺利运行；持续开展"省直管县"财政管理体制和"乡财县管乡用"财政管理方式的改革试点。

（二）农村综合改革成果

近年来，我国农村综合改革工作顺利展开，已经取得了一定阶段性成果。乡镇机构改革基本完成，农村已经基本上实现了免费义务教育，并且县、乡财政管理体制的改革不断深化，已经逐步形成了村级公益事业建设新机制，清理化解公益性乡村债务工作取得积极

进展，也逐渐对区域性、行业性农民负担问题进行了规范。

对于中国农村改革来说，农村税费改革和农村综合改革是十分重要的改革事件。这一改革转变了农村事务的办事理念和制度，促进公共财政向农村覆盖、公共服务向农村延伸，推动了城乡间的统筹发展。各级财政进行农村税费改革，对农业涉及的各种分配关系进行科学合理的管理和规范，保证对农民少取甚至不取，加大力度，积极主动对支出结构进行调整，建立和完善相关政策，实行创新的体制机制，进一步推动农村改革的发展，促进农村经济社会的整体、全面发展。建立和完善农业和农民补贴制度，以此推动农民增产增收；加大力度为农业生产提供支持，推动现代农业发展；增加农村教育资金投入，普及农村基础教育，提高农村人口的文化水平；为农村医疗卫生事业的发展提供大力支持，从根本上解决农民看病难和看病贵等医疗问题；建立和完善农村社会保障制度，使农民可以享受到社会保障带来的实际福利。中央财政近年来对"三农"的投资也有所增加，可以看出是在加大力度开展农业、农村建设。

（三）农村综合改革改进方向

我国目前已经进入实现第二个百年奋斗目标的关键时期，并且正处于深化改革开放、加快转变经济发展方式的攻坚阶段。在这样的背景下，农村改革发展也担负着十分艰巨的任务。应该加大力度开展农村综合改革工作，进行农村体制机制创新，加强农村社会管理和公共服务，促进农村公益事业发展，加大力度推动城乡经济社会发展一体化，争取在重点和关键的环节上取得一定进展。

1. 加大力度促进农村体制机制创新

应该选择适合的地区进行农村综合改革示范试点工作，通过试点发现改革发展中存在的一些问题和矛盾，并予以解决，在城乡二元体制的条件下寻找解决问题的有效方法，促进城乡经济社会发展一体化。

2. 加速推进公共财政覆盖农村

充分发挥农村综合改革平台作用，进一步增加资源投入并进行加速整合，不断提高财政投入力度，促进城乡基本公共服务均等化。

3. 通过各种措施为农民合法权益提供保障

积极寻找有效的方式将农村综合改革与完善农村基本经营制度进行有机结合，通过法律法规和政策机制为农民提供充分保障，并且应该建立起科学有效的农民减负增收的长效机制。

4. 加强对基层基础建设

基层基础在农村综合改革方面有很重要的作用。应该组建乡镇财政机构队伍，进一步完善乡镇财政职能，加强对乡镇财政资金的监管，对乡镇财政进行科学化、精细化管理。

5. 加大力度解决农村遗留问题

不能有效地解决农村遗留问题会影响农村综合改革的进程。例如乡村债务、国有农场办社会等问题，都需要采取合理的方法予以解决，只有解决遗留问题才能促进改革的发展。

二、实施新型农村养老保险制度，维护农村稳定

（一）农村养老制度的局限

很长一段时期以来，我国在进行社会保障制度改革时将城市作为重点，而对农村有所忽视，甚至在社会保障制度中的一些内容的服务对象完全不包括农村人口。因此，我国农村的社会保障体系明显落后于城市，并不能适应于农村经济改革。

在建立和完善农村社会保障体系时，最重要的一项工作就是推进农村最低生活保障制度建设。农村救济制度是农村最低生活保障制度的前身，该制度是以"五保"供养以及灾民临时救济作为主要内容的。农村救济制度可以帮助农民在一定程度上解决农民贫困问题，同时可以促进社会稳定。但是随着社会经济的持续发展，传统的农村救济制度难以全面地应付当前农业和农村出现的问题，该制度的局限性开始显现。第一，该制度的实施范围小、覆盖面小，这就导致有很多贫困农民并不能通过该制度获得补助和救济；第二，救济标准比较低，该制度提供的救济并不能保障救济对象的基本生活；第三，民政部门经办的社会救济经费不足，救济经费不能满足贫困人口的基本生活需求；第四，救济工作的开展并没有统一的规范，不能保证救济工作保持科学性和一贯性。

（二）新型农村养老保险制度

党的十六大报告提出，在有条件的地方，应该积极主动地建立科学的农村养老、医疗保险和最低生活保障制度；党的十七大报告提出，应该探索建立农村养老保险制度。从中可以看出农村社会保障制度建设在农村改革中的重要性，同时也明确了制度建设的重点。

2009 年，我国开始推行新型农村社会养老保险的试点工作，并发布《国务院关于开展新型农村社会养老保险试点的指导意见》（国发〔2009〕32 号）。在取消农业税、实行新型农村合作医疗等惠农政策后，新型农村社会养老保险又是对惠农政策的一项补充。在政策试点运行时，筹资模式采取个人缴费、集体补助和政府补贴相结合的方式，中央财政会对地方进行补助，这一补助会直接落在农民身上。老农保是通过农民建立个人账户的方式给予补助，新农保的补助支付结构分为基础养老金和个人账户养老金两部分，其中基础养老金部分是由国家财政进行支付的。按照政府制定的目标，我国现已实现全国范围内的新农保。

新型农村社会养老保险制度是采取社会统筹与个人账户相结合的基本模式，通过个人缴费、集体补助、政府补贴相结合的方式进行筹资。参加新农保的条件是，年龄到达 16 周岁、非在校学生、并未参加城镇职工基本养老保险的农村居民。年满 60 周岁以上的农村居民不再需要进行个人缴费，直接享受中央财政补助的基础养老金，但是要求其符合参保条件的子女必须参保并缴纳相应的保费。也就是说直接享受政府发放的基础养老金需要符合一定条件，要年满 60 周岁的农村老人，其子女参保缴费。《"十三五"国家老龄事业发展和养老体系建设规划》中明确指出要推动农村特困人员供养服务机构设施和服务质量达标，在保障农村特困人员集中供养需求的前提下，积极为低收入、高龄、独居、残疾、失能农村老年人提供养老服务。要推进邻里互助、亲友相助、志愿服务等模式发展农村互助养老服务。

三、施行"一事一议"财政奖补，促进农村基础设施建设

（一）"一事一议"提出背景

在农村税费改革之后，农村地区在开展公益事业建设时只可以通过"一事一议"的方式筹集资金。"一事一议"可以有效地解决农村存在的乱收费和乱集资的现象，有效限制搭车收费的现象出现，这样可以对农民负担进行合理有效的控制。但是在一定程度上，"一事一议"政策也给农村开展公益事业造成了一定障碍，这样的政策会对集资造成困难，通过这种方式进行集资所筹集的资金数额过小，并不能实际解决事业建设的资金问题。除此以外，"一事一议"还存在难以通过和难以执行的问题。

针对以上问题，我国政府为了推进社会主义新农村建设，推出了"一事一议"财政奖补政策。这一政策通过以下程序实施，村级组织将具体公益事业建设项目通过乡镇级农业、财政所向县级农业、财政部门申报，上级对该公益项目按照相关要求进行审批，审批通过后批准立项，随后针对该项目拨付部分财政奖补资金。"一事一议"项目资金的主要来源包括上级发放的奖补资金、村民筹资筹劳资金、社会各界的捐助等，一般情况下，上级奖补资金可以占到项目投资金额的 75% 以上。"一事一议"项目一般包括农村道路铺建、小型水利设施建设、环境卫生建设、村民活动场所建设等。2008 年，中央选择黑龙江、云南、河北三省作为首批开展"一事一议"财政奖补的试点地区，到 2009 年试点范围扩大至 17 个省份，于 2011 年该政策在全国范围内全面展开。

"一事一议"财政奖补是一项强农惠农政策，它主要是关注户外村内、拾遗补漏，通过这一政策将公共财政带来的好处普及到全国 60 万个村落，促进农村公益事业的建设，帮助农村建设农民最需要的民生项目，有效地对农民生产生活条件进行了改良。近年来，我国各级财政部门积极参与"一事一议"财政奖补事业，带动我国农村公益事业建设和发

展，使广大农民从中获益。

（二）"一事一议"的深远意义

"一事一议"财政奖补不是只对推动经济发展有重要作用，同时还对政治有深远的影响。该政策是一种财政支农的体制机制创新，它有效地促进了农村基层民主建设，完善了乡村治理结构，同时还有利于农村社会的和谐稳定。

1. 创新民办公助、以奖代补机制，形成村级公益事业建设多元化的投入格局

"一事一议"财政奖补坚持农民先议后筹、先筹后补，这是指所有项目首先要通过农民的民主决议通过，随后根据省级政府确定的相关标准筹集资金，在保证农民筹资筹劳到位后，政府拨放相应的财政奖补，这一政策体现出民办公助的性质，充分发挥以奖代补对农村公益设施建设的引导带动作用，构建了"农民筹资筹劳、政府财政奖补、社会捐资赞助"的村级公益事业多元化投入格局，有效地为村级公益事业建设提供了更多资金来源，由此建立起科学合理的村级公益事业发展的长效机制。目前，在开展农村建设工作时，基层干部群众已经形成了农民自主议定项目、建设农民真正关心的事业的思想共识。县乡政府充分发挥"一事一议"机制所具备的灵活作用，使"一事一议"成为对涉农资金进行科学合理整合的一个平台，将资金集中管理，开展广大农民群众需要的公益事业，确保村级领导组织将资金都用在农民需要的事情上。

2. 构建农村公共服务自下而上的民主决策机制，调动农民参与公益事业建设的积极性

"一事一议"财政奖补对传统的农村项目建设模式进行了创新和突破，项目建设由农民进行民主议定，上级政府和相关部门只是对项目进行审定并拨款，而真正对项目进行决议的是农民群众，实行的是自下而上的民主决策机制。这一制度创新具有十分深远的意义，保证农民有项目建设的知情权、参与权、决策权、监督权和评判权，对项目实行农民民主议事，并对项目建设的各个环节进行公示，保证开展的工作是农民有需求的，保证农民可以共享农村发展的成果，通过民主的方式获得农民的拥护。在这样的体制下，农民的思想理念也发生了转变，从被动地接受变成了主动参与建设，从办公事变成了为自己的需求而采取行动。"一事一议"有效地带动了农民参与农村公益事业建设的积极性，促进了村级公益事业建设。

3. 搭建基层党委政府为农服务的平台，探索新形势下乡村治理的有效形式

"一事一议"财政奖补为基层干部提供了和群众加深联系的机会，也为他们开展"三农"服务提供了平台。农村基层干部组织农民进行公益事业建设的讨论，从中可以充分了解农民群众需求，通过项目实施可以更好地实现与群众的联系，通过为农民提供服务树立自身良好的形象，通过帮助农民解决实际问题赢得农民的信任和拥护。在财政奖补项目建

设中，很多村民都积极主动地给予配合，协商解决建设占地等问题，主动帮助公益事业的推进，很多存在多年的矛盾也因此化解，形成了一幅和谐的画面。

4. 促进农村基层党组织建设，巩固党在农村的执政基础

随着"一事一议"财政奖补工作的推进和深入，成功地组织农民开展议事、带领农民建设公益事业为农民带来福利，已经成为衡量村干部能力的一项重要指标。有很多地方的村干部和党员群众通过自己的实际行动展现了他们不计得失、无私奉献的精神面貌，在广大村民中树立了良好的形象，建立了一定威信，以此增强了基层党组织的凝聚力、号召力和战斗力。这一政策使农民更具主动权，通过村级换届选举，村民会根据村干部的实际表现进行投票选举，没有能力的村领导会就此落选。同时，青年农民在积极参与村级公益事业建设时，可以加深对党的认识，积极主动地向党组织靠拢，从而使农村基层党组织可以吸收到新鲜的血液。

近年来，我国在"一事一议"财政奖补方面也取得了一些成果，也获得了一定经验，应该对这些经验进行总结，从而进一步实现提高。第一，坚持农民自愿的原则，在程序的实施过程中要严守规范，对筹资筹劳标准进行严格监控，防止这些举措会加大农民的负担。第二，坚持因地制宜的原则，要充分了解农村的实际情况，从实际出发推动发展，解决和落实多数村民受益的公益事业，为村民带来实际的好处。第三，坚持制度创新的原则，充分发挥民办公助和财政资金的作用，激发社会各方的积极性对农村公益事业的建设加大投资。第四，坚持强基层打基础的原则，促进村民进行自行管理治理，开展和完善基层党组织建设，进一步改善农村社会管理和公共服务。

第三章

农业技术进步与农业经济增长研究

第一节　农业技术进步及其动力机制

一、农业科技进步的特点

科技进步的过程主要包括三个阶段，各个阶段之间相互联系。科技成果的生产；科技成果的产业化；科技成果的扩散与推广应用。农业科技进步的过程与其他领域展现出其自身的特点。想要推进农业科技进步，就应该充分认识和了解这些特点，合理利用这些特点。

（一）研究开发周期长，风险大

生物有机体是按照一定的自然规律生长发育的，在进行农业研究开发时，首先要保证研究周期基于生物的生长周期，人们必须在自然界内进行科学实验。例如，在进行动植物新品种的培育实验时，一实验周期至少需要一个动植物的生长周期。在实际的农业研究开发中，并不是经过一次实验就可以完成，而需要多次多方面的实验，需要经历许多个动植物的生长周期。所以，进行农业科学研究开发需要很长的研究周期，而研发周期长就会带来更大的风险。因为研究开发失败，已经投入的资金是不可能收回的，并且已经投入的人力物力和时间也就此损失了。

（二）研究开发需要多学科合作

农业研究开发的任务是提出解决动植物生长与环境因素之间相互协调的技术方案，这是一个具有综合性的任务。进行农业研究开发需要各个学科和领域的专家进行协作研究，包括遗传学家、土壤学家、生理学家、营养学家、病理学家等。在进行农业科技成果的应用时，要采取相应的配套措施，只有各个方面的协调合作才能保证新技术预期效果的实现。

（三）科技成果具有区域适应性

动植物的发育生长需要一定自然条件的支持，所以，在进行农业科技成果的推广时，一般都是在一定区域内进行的。尤其是动植物品种具有很强的地域选择性。因此，想要进行大范围的农业新技术推广，首先要解决区域限定的问题，要进行适应性试验，保证农业新技术可以适用于各个区域，这样才能保证新技术的推广效果。

（四）新技术的应用效果具有不确定性

因为农业新技术会受自然环境等不可控因素的影响，这就可能影响其效果。而且，从经济再生产的角度看，农业新技术发挥了其预期的效果，也并不一定会带来良好的经济效果。生产经营者可能因为产量、价格、成本等经济问题，排斥在其生产经营中使用新技术。所以农业新技术不仅要保证技术上的先进性、生产上的可行性，还需要保证其经济上的合理性，只有这样才能保证新技术可以在现实的生产经营活动中投入使用。

二、农业科技进步的作用

（一）提供先进的农业技术装备，提高劳动生产率

农业技术进步为农业带来了很多先进的农业机械、工具和设施等，利用这些工具可以减轻农业劳动者的工作强度，提高他们的劳动能力和劳动效率，以此降低农业生产成本，提高经济效益。

（二）提高动植物的生产性能，提高单位土地面积产量

据实践研究表明，农业科技进步可以为农业带来显著的增产效果。例如，依据遗传学理论结合生物技术，大幅推动了育种技术的发展，利用这种新技术培育出一系列优良的动植物种，大幅提高了单位产量。在全球范围内看，自20世纪30年代培育出了杂交玉米以来，很多杂交种相继被培育出来，如杂交高粱、杂交大麦、杂交棉花、杂交水稻等。20世纪50年代以来，全球范围内农产品的增加中，有很大一部分都是通过高产品种培育得到的。20世纪60年代中期，开始推广"绿色革命"，促使很多发展中国家的粮食产量大

幅增加。除了在这方面，畜牧业、林业和水产业方面育种技术也为其带来了显著的增产效果。随着化学、生物生理学、营养学理论的发展，农作物肥料和养殖畜牧饲料等方面得到了发展，使动植物的营养状况和生长条件得到了极大的改善，进一步提高了优良种的增产性能。

（三）提高农产品质量，满足市场对高品质农产品的需求

将生物技术运用于农业生产经营中，一方面可以增加农业产量，另一方面可以根据市场需求对产品质量进行调节。根据人们对食品消费的需求变化，可以对粮食、肉类等各种农产品中的营养成分的含量进行调节，满足人们的个性要求；适应纺织工业的发展，对棉花纤维的长度和弹性等性质进行调整。而且，农业科技进步在提高农产品初级产品质量的同时，还可以丰富农业加工品的种类，提高其品质。

（四）扩大资源供给，提高资源利用效率

农业科技进步会引起农业资源的配置发生变化。农业科技进步会使农业资源的利用范围扩大，这样就会有很多新的资源加入到农业生产中，也就会提高农业资源的供给量；农业科技进步会促进农业资源的利用效率提高，可以使用相同的农业资源生产更多农业产品。农业科学技术的进步，可以提高劳动资料的效率，提高劳动对象的质量，可以对农业进行科学合理的管理，这样就会使农业生产要素的利用效率持续不断提高。同时，农业科技进步可以协调生物和环境之间的关系，促进农业的可持续发展。

（五）提高农业的经济效益，增加农民收入

第一，农业科技进步可以促进农业劳动效率的提高。第二，提高农产品的产量，提高农产品的质量。第三，推动农业规模经济的实现。农业科学进步，可以扩大生产单位的经营规模，从而降低平均成本，以此实现规模效益。第四，提高生产要素的利用效率。以上几方面都可以促进农业经济效益的提高，促进农民收入的提高。

（六）有利于改变农村面貌，缩小"三大差别"

农业科技进步一方面可以促进农业发展，促进农村经济发展；另一方面还可以改善农村的生态环境。科技进步可以带来全新的农业生产方式，也会改变农民的生活方式，会引起农民的生活习惯和价值观念发生转变。这就引起了农村面貌的全面改观，缩小甚至消除了工农差别、城乡差别以及体力劳动与脑力劳动的差别。

三、中国农业科技的创新方向

（一）高产、优质、高抗动植物新品种繁育技术

优良品种是提高农产品产量和质量的基础。随着经济发展，人们的生活水平越来越高，这就使人们对农产品的需求提出了更高的要求，促使农产品要提高质量适应要求。对于我国来说，培育优良品种是发展农业科技创新的一个重要方向。我国将应用常规技术和转基因技术、分子定向育种技术、航天诱变育种技术等新的育种技术，大力培育动植物新品种。我国的耕作制度较为复杂，所以在进行选种时选择早中晚熟配套和前后茬配套的优良品种；按照不同生态类型，选择那些可以抵御重要病虫害或自然灾害和盐碱等不良环境条件的多抗性优良品种。在进行畜禽育种时，选择那些高品质、高饲料转化率的新品种作为重点培育对象。

（二）作物栽培技术和畜禽饲养技术

想要充分发挥优良品种的潜力，需要搭配适合的栽培和饲养技术。所以，不可以只关注优良品种的培育，还需要对相应的栽培和饲养技术进行研究和推广。在种植业方面，要充分了解不同地区的生态条件，根据生态区域的特点建立主要农作物的高产栽培技术体系。在畜禽和水产饲养方面，应该对相应的配合饲料、疫病防控与治疗技术等进行研究和推广，要按照区域和规模的不同，建立相应的养殖模式和技术体系。

（三）农业机械和设施农业装备技术

农业机械化可以减轻农业工作者的劳动强度，提高农业劳动效率，而且这是实现农业现代化的重要基本条件。我国当前的农业机械化水平并不高，应该加大力度推进农业机械化，同时还要联系实际情况。一方面要加大推进粮食生产过程的机械化程度，另一方面要研究和推广园艺用微型耕整机械、小气候调节机械和自动化调控设备。此外，还要加大加深对农业机械和装备的自动化、智能化等方面技术的研究，提高自动化和智能化水平。

（四）化肥农药生产和使用技术

化肥农药是实现农业增产的一个重要因素，我国当前的化肥农药生产方面仍然有一些问题。我国农业化肥主要存在以下问题，品种结构不合理、肥分利用率低、施用方法不科学等。应该研究和推广新型化肥、有机肥料资源无害化处理技术等。我国农业的农

药使用效率低、成分残留高。所以应该研究和推广高效、低毒、低残留的农药，加强对环保施药的推广，要建立科学统一的农药使用技术标准，推进我国农药使用的规范化和科学化。

（五）农产品质量控制和检测技术

农产品质量安全是一个非常重要的问题，首先它与消费者的健康有直接关系，其次它也在一定程度上决定了农产品的国际市场竞争力。根据实际情况来看，我国的食品质量安全问题十分显著，是消费者极为关注的问题。所以，提高我国农产品的质量安全水平是一个迫在眉睫的课题。通过农业科技创新，可以加强对农产品质量安全的检测和控制，同时应该制定和完善统一的农产品质量标准，加强农产品标准化生产技术体系和农产品质量检测体系的建设，提高我国农产品的质量安全水平。

（六）农产品精深加工与储运技术

发展农产品加工贮藏技术，可以延长农业产业链、提高农产品附加价值、推进农业产业化经营。在农产品生产后，应该进行农产品和农林特产的精深加工以提高其附加价值，还有一系列配套的设备和技术的研究和推广也很重要，例如绿色储运技术、农产品的保鲜储存与运输技术、冷链运输系统技术等。

（七）资源利用和环境保护技术

我国面临着十分严重的环境污染问题，并且因为人口规模大，我国的资源较为紧缺，这些都对农业的可持续发展造成了严重障碍。所以为了推进农业的发展，就应该研究和推广资源科学合理利用的技术，以及环境友好型技术。例如节水农业、地力培育、草原植被恢复、农业面源污染防治等都属于这类技术。充分开发和利用先进的技术，建立区域性农业资源利用技术体系、退化草原快速治理与可持续利用技术体系、综合治理技术体系等。

第二节　农业技术进步对农业经济增长的影响

一、农业技术经济效益的含义

所谓农业技术经济效益，就是农业技术具体运用所产生的经济效益，是农业投入与产出的比较；具体讲是指农业技术政策、技术措施和技术方案在农业生产过程中贯彻及使用时，发生的劳动消耗和劳动占用同生产成果之间的价值量的比较。由于农业生产的特殊性，农业技术经济效益的高低，不仅要从投入与产出两方面来考察，同时应注意到资源的保护、土壤肥力的提高、生态平衡的变化等。因此，对农业技术经济效益进行科学、准确的评价应以合理利用生产资源为出发点，以提高地力和保护、促进生态平衡为前提，这是赋予农业技术经济效益的特定含义。

根据不同的评价内容和评价标准，农业技术经济效益可以分为绝对技术经济效益与相对技术经济效益。所谓绝对技术经济效益，是指某项技术措施或某一技术方案投入与产出间的差额或比值；而相对技术经济效益，是指两种或两种以上可行方案之间，或原方案与新方案之间经济效益的比较，通过这种比较可以选择出最适宜的技术措施或方案。这两种技术经济效益都是有一定的临界限的，即绝对经济效益临界限和相对经济效益临界限。绝对经济效益临界限是指某项农业技术能给人们带来经济上收益的起码经济界限。低于这个界限，表明社会财富没有新增，除非情况特殊，一般没有采用价值。也就是要通过对绝对经济效益临界的分析，用来确定技术措施或技术方案本身有无经济效益。

相对经济效益临界限，是一项农业技术代替另一项农业技术的起码经济界限。低于这个界限，就应该继续采用原技术，这一临界限主要是用来进行多方案的比选。

二、农业技术经济效益的特点

农业是社会生产的第一产业部门。农业生产的基本特点是自然再生产过程与经济再生产过程的交织。因此就产生了一系列的具体特征，如：农业生产与土地自然环境有机地联系在一起，农业生产是建立在利用生物学因素的基础上，农业生产在时间上的季节性和在空间上的不均衡性，等等。所以，农业技术经济效益具有其明显的特点。

（一）农业技术经济效益的综合性

农业技术经济效益的综合性，体现在农业生产上的是生物产品，而动植物的生长发育必须同时具备各种必要的生活条件，才能得以繁衍。因此，整个农业生产中存在着物质循环和能量交换、环境条件与生产对象、生产对象与生产对象之间息息相关的关系，缺乏其中任一个因素，都会影响到最后的生产成果。所以，这就需要在实践中采取综合性的技术措施，这样的技术措施的经济效益往往大于各单项技术措施的经济效益之和。对单项技术措施经济效益的评价，也应该在综合技术经济效益评价的基础之上来进行全面考虑。

（二）农业技术经济效益的持续性

由于农业生产是通过对各种自然资源的利用和动植物的本身生长发育来实现农畜产品的生产，因此，有些农业技术的经济效益，不仅表现为当季有效或现时性，而且还有技术后效性或持续性。以生物技术为例，有的优良品种在农业生产中不仅在当年当季表现出良好的经济效益，而且由于生物本身所具的遗传作用，能在以后若干年内持续增产。从环境因素来看，农田水利基本建设、土壤改良、有机肥料或长效化肥的施用、营林造林等都有技术后效性。因而在研究农业技术经济效益时，只有把这种现时性的经济效益与长期持续性的经济效益有机地结合起来，才能使评价准确可靠。

（三）农业技术经济效益的相关性

农业生产的各种技术措施之间有着强烈的相关性，从而导致农业技术经济效益的不同变化，这种相关性具体表现为横向相关性和纵向相关性。横向相关性是指生物生长发育周期各种技术措施的相互促进和相互制约的关系。例如，良种结合法，其经济效益表现为正相关；若施用化肥随之用大水漫灌，则其效益就为负相关。纵向相关性是指连作和轮作在季节和年度间的相关。例如，迟熟的早稻品种虽然产量高，但由于收获季节较迟而影响晚稻插秧的时间，使晚稻产量降低，从而影响全年的经济效益。因此，在研究农业各技术要素合理配置和分析农业技术经济效益时，都必须注意到各种技术要素之间的相关性，而不能顾此失彼。

（四）农业技术经济效益的极限性

农业生产是在生物与环境统一的条件下进行的。由于人们对于生物本身的生理特点和外界环境因素的认识存在不足，因此，在一定条件下，人们采用的技术措施所能起到的作用还是有限的，这样使得农业技术的经济效益也就具有了极限性。例如，在一定的技术条件下，畜禽饲养到一定体重后，若再继续进行饲养，每单位饲料的成本将会大于它的增重所带来的收益。种植业施用化肥的数量与产量之间也有类似的情况存在。所以，在一定的条件下，必须注意到技术要素的合理投入量，才能取得较好的经济效益。

（五）农业技术经济效益的不稳定性

众所周知，农业生产周期长，受自然环境影响大，有明显的季节性和地域性，可变因素多，所以农业技术经济效益往往表现出不稳定性。同一作物品种在不同地区往往表现出不同的经济效益，同一作物品种在同一地区不同年份的经济效益也常常有较大差异。因此，评价农业技术措施或方案的经济效益时，应该注意这一特点，这就需要搜集多年多点的数据资料，进行全面的分析论证，而不能依据一时一地的资料或情况来得出绝对肯定或否定的结论。

三、农业技术效果与经济效益的关系

在农业技术经济范畴中，技术效果是经济效益实现的基础和前提，只有取得一定的技术效果，技术措施、技术方案和技术制度的应用才能获得一定的经济效益；同时，经济效益又是技术效果的最终表现，二者的关系十分密切。在人们的社会实践中，由于受各种因素的影响和制约，技术效果和经济效益的关系可能表现为一致性，也可能表现为矛盾性。

（一）农业技术效果与经济效益的一致性

一致性的表现比较普遍，例如，采用先进适用技术，提高了生产效率，既增产又可增加盈利；改进技术措施，如合理布局作物、调整种植结构、改单一饲料为配合饲料，等等，都可以在资金、土地、劳动力等条件不变的情况下，取得增加产出和盈利的效果。又如引进先进的农机具，改造低产农田，虽然投资增多，但单位农产品成本降低幅度更大。这种情况下，技术效果好，经济效益也高，二者同步，表现为一致性。

（二）农业技术效果与经济效益的矛盾性

农业技术效果和经济效益的矛盾性主要表现在：

第一，技术的先进性与经济的合理性之间的矛盾。如引进的高投资、高能耗、高效率的现代化机械，在技术上是先进的，技术效果是高超的，但是不适合我国国情，农民买不起、用不上，或者是机器换出来的劳动力难以妥善安置，就业困难，从而引发一系列社会经济问题，这在经济上并不合理，在实践上也不可行。因此，不能片面追求技术的先进性，而忽略经济的合理性；相反，应当以经济实效性的观点来衡量技术的实用性，不论利用任何技术，都应以是否能够增加盈利为衡量其是否适用，是否合理的标准，使技术效果与经济效益达到最佳的统一，从而取得最佳的经济效益。

第二，技术的可行性与经济的效益性之间的矛盾。如高产低收益农业技术体系，或某种新技术、新设备，技术上可以完全满足生产的要求，但经济效益却比较差。比如一些大宗农产品的种植，虽然在技术上不存在问题，但由于其价格较低，使得经营者难以得到满意的收益。

第三，经济上的需要与技术上的可能之间的矛盾。如粮食生产或经济作物生产需要优质高产技术，可是若尚无这样的技术的话，提高经济效益便没有基础；又如生产上需要适用先进的技术设备，但没有相应的技术力量，技术设备便无法应用，预期的收益也就不能实现。

由于技术效果和经济效益存在矛盾性，所以从技术角度制订的最佳技术方案，若从经济上来分析，往往不一定可取，从而不得不考虑选用次佳技术方案。因此，对技术方案可行性的研究，必须把其技术效果和经济效益统一起来综合分析，最终能够选出技术效果与经济效益都满意的最适宜技术应用于农业生产，这是进行农业技术经济效益评价的基本原则。

四、农业技术经济效果的评价原则

农业技术经济效果评价，必须客观地反映农业生产过程中技术与经济之间内在关系的规律性，这就需要确定农业技术经济效果评价的原则，其原则主要体现在处理好以下几个基本关系。

（一）使用价值与价值的统一

农业生产过程是使用价值生产和价值生产的统一。使用价值是发展生产和满足社会需要的物质基础。在社会主义市场经济的条件下，农业生产的目的是在满足需要的条件下获得最大利润。所以，在经济效果的评价中必须把满足社会需要同获得必要的利润结合起来，把国家的目标和生产者的目标结合起来。只有这样，才能取得使用价值和价值的统一。

在社会主义条件下，社会经济效果同生产者的经济效果在本质上是一致的，但有时也存在着矛盾。主要表现在：从国家和社会方面讲求经济效果，主要着眼于使用价值生产的经济效果，讲求产品的数量和质量；从生产者方面讲求经济效果，农民作为独立的商品生产者，其着眼点在于价值生产的经济效果，讲求盈利和经济收益。这种矛盾在粮经生产中表现得比较突出。因此，在经济效果的评价中必须把使用价值和价值结合起来，取得最佳统一的经济效果，才能促进农业生产的发展。

（二）技术效果与经济效果的统一

对农业技术经济效果的评价，其目的在于取得技术上先进适用，生态上平衡协调，经济上合理可取，生产上切实可行的技术方案和技术措施。前两项属于技术研究的范畴，后两项属于经济合理的范畴。因而，在进行农业技术经济效果评价时，必须把技术效果和经济效果统一起来。

在农业技术经济范畴中，技术效果是经济效果实现的基础和前提，只有取得一定的技术效果，技术方案、技术措施和技术制度的应用，才能获得一定的经济效果，这同时也说明经济效果是技术效果的最终体现。在农业生产中单位产品的劳动消耗和劳动占用受各种因素的影响和制约，其中技术则是影响单位产品劳动消耗和劳动占用的决定性因素。一般情况下，技术效果和经济效果具有同步性，如选择先进适用技术，提高了生产效率，增产又增收。

（三）局部技术经济效果与整体技术经济效果的统一

局部经济效果和整体经济效果的统一，具体表现在两方面：一是在技术上局部和整体的统一，二是在经济上局部和整体的统一。

从技术上讲，局部和整体的统一，是指技术措施和技术体系的统一，单项技术经济效果与整体技术经济效果的统一。农业生产是由众多的局部技术和技术环节构成的一个完整的生产技术体系，形成系统的生产力。在整体的技术系统中，每一项局部的技术和技术环节又具有特定的功能，各项局部技术之间又是相互联系、相互制约的，并影响着整体技术功能的发挥。所以，在经济评价中对整体技术的评价，必然离不开对局部技术的评价。因此，在经济效果的分析评价中，要认真分析单项技术在整体技术体系中的协调状况，从而发现和确定影响经济效果的主导因素，使局部和整体在技术上达到最佳的统一。

从经济上讲，局部技术经济效果和整体技术经济效果的统一，主要是指社会经济效果和生产者的经济效果的统一，它具体表现为：当前效果和长远效果的统一，社会效果和经济效果的统一，微观效果和宏观效果的统一。在社会主义市场经济的条件下，生产经营者的主要生产目标是获得利润。它们比较重视当前效果和经济效益；从国家和社会的角度讲，又必须强调宏观效果和社会效果，这样有时就会出现局部与整体经济效果的矛盾。因此，在经济评价中，应从社会的角度、国民经济总体的角度进行评价。只有这样，才能真正认识技术方案的经济意义和社会意义，技术方案才具有推广使用的价值，才具有生产可行性，才能迅速转化为生产力。在处理局部经济效果和整体经济效果时，要遵循整体经济效果最佳，局部经济效果合理的原则。

（四）定性分析与定量分析的统一

农业生产中影响技术经济效果的自然因素和社会因素都很复杂，农业投入产出之间又存在着复杂的关系，因此，在进行技术经济效果评价时，只有采取定性分析和定量分析相结合的办法，才能提高技术经济论证的科学性和准确性。

定性分析就是分析事物或现象相互之间的内在联系，从而揭示和把握事物运动的客观规律，对事物给予质的规定性。农业技术经济定性分析的任务是：根据实际需要和对客观条件的分析，提出并确定技术经济问题；对有关的技术因素和经济因素之间的关系及其发展变化趋势进行分析，建立同质性的技术方案；科学地权衡定量分析的结果，做出定性的结论，通过经济分析和综合评价选择最优方案。所以，定性分析可以使人们明确事物的性质，明确事物的因果关系及相关原理。定量分析就是分析事物内在联系的数量关系，以确定事物相互关系性质的数量界限。把握事物的最佳量度。定量分析在某种程度上有助于创造经济科学的概念，并且是进行演绎推论的一种有效手段。

定性分析是定量分析的基础和前提。进行农业技术经济效果评价，首先要进行定性分析，以便明确事物的性质、特点及因果关系，才能在这个基础上进行定量分析，才能得出可靠的结论。在实际工作中，如不先进行定性分析，一些经济目标的确定、变量选择、参数的估计、模型的选择、结果的分析评价等，都会遇到许多困难。相反，不做定量分析只做定性分析，就不能准确地评定方案的优劣。因而，在定性分析的指导下进行定量分析时，能够做到基础数据准确可靠，数据、指标、计算方法具有可比性，选择和建立的模型反映经济过程的客观情况。这样，定量分析就会准确、科学，从而达到定性分析和定量分析的统一。

（五）经济效果与社会效果、生态效果的统一

保持良好的环境与生态系统，是实现农业稳产增产的重要基础。技术经济评价不应仅仅评价一次性或一时性的经济效果，更重要的是应评价长期的、连续的经济效果。因此，保持和改善生产环境、充分合理利用资源是提高技术经济效果的一项根本性措施。单纯追求一时性或一次性的效果，不顾实际情况，过度采伐和耗竭自然资源，会破坏生产的长远经济效果，甚至还会影响近期的经济效果。正确评价技术经济效果，必须充分统筹兼顾眼前利益与长远利益，既要有利于提高近期的经济效果，也要有利于促进环境改善，取得良好的社会效果。因此，在具体评价时，除了运用一系列经济效果指标外，还应设置和运用反映自然资源利用的合理性和适合优化环境要求的具体指标。只有这样，才能正确评价和全面反映技术经济效果。

五、农业技术经济效果指标体系

（一）农业技术经济效果指标体系设置的原则

农业技术经济效果指标体系的设置，应以社会主义经济效果理论为基础，从实际需要与可能出发，要适应农业现代化管理水平和计算技术的客观水平，遵循科学、全面、简便、易行的原则。具体地说有以下几点：

第一，指标体系的设置要准确地、科学地反映在农业生产过程中投入与产出之间客观形成的因果关系和函数关系。反映某项技术使用后对生态环境、社会贡献的影响程度，包括它们之间客观存在的因果关系和函数关系。只有同时反映劳动成果与劳动耗费之间关系的指标，才是经济效果衡量指标，只反映某一个侧面的经济活动的指标是一般的经济指标（分析指标）。

第二，指标体系的设置要能够比较全面、客观地反映农业技术经济效果的复杂内容及其影响因素。它应当能够反映出目前效果和长远效果、微观效果和宏观效果、单项效果和综合效果、技术生态效果和经济效果、社会效果等方面的数量关系。因此，不仅要设置单项作业量的劳动、物质、资金的消耗指标，而且还要设置单位农产品的劳动、物资、资金的消耗量指标；不仅要设置土地生产率指标，而且还要设置资金盈利率指标，以便准确客观地评价农业技术方案经济效果的大小。

第三，指标体系的设置应能够反映社会主义市场经济的特点。在现阶段，农业生产过程仍然是劳动过程和价值形成过程的统一。因此，指标的设置必须符合农业生产过程这一基本特征。这就是说，在指标体系中既要设置价值指标，又要设置实物指标。

第四，指标体系的设置要能够充分反映农业生产的总体经济目标。离开了总体目标来评价农业技术经济效果就没有可行性，就是无的放矢。因此，根据总体经济目标来设置评价指标是极为重要的。实现农业现代化的总体目标是为了提高我国农业生产力和综合国力，所以，农业现代化技术方案的评价指标，必须反映提高农业生产力和综合国力这一基本标志，其他指标都是为这一总目标服务的。

第五，指标体系的设置应保证在整个指标体系中各指标意义明确，计算方法简便。指标意义明确是指指标要有清晰的概念，并且能够确切地反映评价内容，而且可以明确地看出同其他指标的内在联系；计算方法简便是指各指标都能用具体的数值计算出来，而且适应我国农业的经营管理水平，在实践中能够推广应用。

第六，指标体系的设置应体现"少而精"的原则，而且要主次分明、结构清晰、层次清楚。

因此设置指标体系要考虑不同侧面、不同层次的要求，把握住指标间的内在联系，并要和定性分析以及相应的综合性评价方法结合起来，组成一个完整的体系。

（二）农业技术经济效果指标体系的构成

研究农业技术经济效果指标体系的构成，就是要明确在农业技术经济效果指标体系中应包括哪些指标，各项指标的实质和内容是什么，以及它们的内在联系和在整个指标体系中分别占据什么样的地位，以便对农业技术经济效果进行科学的评价。一般说来，农业技术经济效果指标体系包括三类指标。

1. 农业技术经济效果衡量指标（主体指标）

这类指标是通过具体的数值直接反映劳动消耗量和劳动占用量同劳动成果之间的比率关系。它反映不同农业技术方案、技术措施应用于农业生产实践后所取得的经济效益。它是从劳动消耗和劳动成果两方面同时反映农业技术应用和实施所取得的经济效果，是农业技术经济效果评价的主体指标（衡量指标）。常用的指标有土地生产率指标、劳动生产率指标、资金生产率指标、成本指标等。

2. 农业技术经济效果分析指标

这类指标主要是用来分析影响农业技术经济效果的各种因素的作用与经济效果的依存关系，是因素分析指标。在指标体系中它一般处于辅助地位，所以又称为辅助指标。这类指标又分为经济分析指标、技术效果分析指标、生态效果分析指标和农业技术经济效果分析指标四类。

（1）经济分析指标。经济分析指标就是通过具体数值来反映农业生产活动的经济状况，它是更广泛的经济工作分析指标。这类指标不能同时反映农业生产过程中的劳动消耗与劳动成果这两方面的情况，它只能从某一侧面来反映农业生产过程中劳动消耗和劳动成果某一方面的情况。农业技术经济效果分析指标包括劳动成果指标和资源投入指标。劳动成果指标，如产量、产品质量、产值等指标；劳动消耗指标，如工时消耗、资金消耗、物质消耗；资金占用与资源利用状况指标，如土地、劳动力的利用率、农机具的拥有量和各种资金的占用量等。在评价中，这类指标不仅可以分析经济效果的大小，而且是正确计算经济效果的重要基础数据。

（2）技术效果分析指标。技术效果分析指标就是通过具体数值形式反映农业技术方案和措施实施与应用所取得的技术中间效果和技术终极效果的数量，如作物品种抗逆性、种子发芽率、农药杀虫率、牲畜产崽率、造林成活率等。由于技术效果能够揭示取得经济效果的技术原因，所以技术效果分析指标是农业技术经济效果指标体系中一项必不可少的组成部分。同时，这类指标总是反映农业生产部门特点和技术措施的具体特点，所以，在具体应用时，应根据评价对象和评价目的来选用。

（3）生态效果分析指标。生态效果分析指标就是以具体数值形式，反映农业技术方案对保护和改善农业生态环境的效果，以及提高生态经济系统中物质变换和能量转化的程度。生态平衡是人类生存的基本条件，是我国发展农业，实现农业现代化的出发点。保持和改善生态平衡会带来全局性的深远经济效益，破坏生态平衡就会使森林锐减、草原退化、地力衰退、水源枯竭、水土流失、气候变坏、环境污染、灾害频繁，且祸延后代。所以，农业技术经济效果评价首先要求生态上合理，然后再讲经济上合算。因此，生态效果分析指标也是农业技术经济效果指标体系中的一项重要组成部分。在农业技术经济效果评价中，常用的生态效果指标有，森林覆盖增长率指标，生态环境保护指标，土壤肥力和水土流失指标，自然灾害发生率指标和生态资源动态指数指标等。

（4）农业技术经济效果目的指标。它是用具体的数值形式来反映满足人们和社会需要的程度，反映经济效果的增长同积累与消费的关系，反映农业生产的目的，所以叫目的指标，如人均农产品占有量，人均收入水平，农产品商品率，人均消费指数，产品创汇率，产量、产值、利润等的计划完成率，等等。

第三节　农业技术进步的优化策略探讨

一、农业技术进度推广程序

农业技术推广程序是农业技术推广原则在推广工作中的具体应用，它是一个动态的过程。但"试验、示范、推广"是农业技术推广的基本程序。

项目选择是一个收集信息、制订计划、确定项目的过程，也是推广工作的前提。如果选准了好的项目，就等于技术推广工作完成了一半。项目选择首先要收集大量信息，项目信息主要来源于四方面：一是引进外来技术；二是科研、教学单位的科研成果；三是农民群众先进的生产经验；四是农业技术推广部门的改进技术。农业技术推广部门根据当地自然条件、经济条件、产业结构、生产现状、农民的需要及农业技术的障碍因素等，结合选择项目的原则，进行项目预测和筛选，初步确定推广项目。推广部门聘请有关的科研、教学、推广等各方面的专家、教授和技术人员组成论证小组，对项目所具备的主观与客观条件进行充分论证。通过论证认为切实可行的项目，则转入评审、决策、确定项目阶段，即进一步核实本地区和外地区的信息资料，详细调查市场情况，吸收农民的合理化建议，对项目进行综合分析研究，做出最后决策。推广项目确定后，就应制订试验计划和试验实施方案。

农业技术推广工作要按照推广程序进行，但更重要的是推广人员要根据当地实际情况灵活掌握和运用，不可生搬硬套。

二、农业技术进步推广方式

农业技术推广方式是开展推广工作的基本组织形式或途径。在社会主义新农村建设的新形势下，农业技术推广方式在继承原有的示范、培训、蹲点、咨询等方式的同时，也形成了一些适应现代农业发展的新的技术推广方式。

（一）项目计划

项目计划方式是政府有计划、有组织地以项目计划（或工程）形式推广农业科技成果，是我国农业技术推广的重要方式。各级农业行政部门、农业科研部门和农业技术推广部门，每年都要编列一批重点推广项目，有计划、有组织地大规模推广应用。如农业部和财政部共同组织实施的综合性农业科技推广"丰收计划"；科技部设立的"国家科技成果重点项目推广计划"，以及应用科技振兴农村经济发展的"星火计划"；教育部提出的"燎原计划"；菜篮子工程、科技扶贫工程、黄淮海综合开发、农业科技园区建设、无公害食品工程、良种工程项目等。各省、自治区、直辖市也有相应的项目计划，如黑龙江省的测土配方施肥工程、沃土工程、绿色食品工程、四大作物生产技术规程等，这些项目计划均已成为农业新技术推广的重要途径。

（二）技术承包

技术承包是各级农业技术推广部门或科研、教学单位利用自身的技术优势，在农业技术开发的新领域为了试验、示范和获取部分经济效益所进行的一种承包推广形式。由技术推广单位或推广人员与生产单位或农民在双方自愿、互惠、互利的基础上签订承包合同，运用经济手段和合同形式推广农业新技术，是一种依据经济效益计算报酬的有偿服务方式。

（三）技物结合

技术与物资结合是近年来出现的一种行之有效的推广方式，它是以示范、推广农业技术为核心，提供配套物资及相关的产品销售加工信息服务。这就要求农业技术推广人员采取技术、信息和配套物资三者相结合的推广方式。2006年发布的《国务院关于深化改革加强基层农业技术推广体系建设的意见》中指出，积极稳妥地将国家基层农业技术推广机构中承担的农资供应、动物疾病诊疗以及产后加工、营销等服务分离出来，按市场化方式运作。鼓励其他经济实体依法进入农业技术服务行业和领域，采取独资、合资、合作、项目融资等方式，参与基层经营性推广服务实体的基础设施投资、建设和运营。

技物结合推广方式的作用在于：第一，技术推广与农用物资经营相结合，增强了推广机构自我积累、自我发展的能力，改变了过去"实力不强，说话不响，办事不像"的被动局面，使一大批新技术、新物资能及时应用于生产；第二，促进了农用物资的流通，方便了农民，满足了生产需要；第三，农业技术推广机构及推广人员可因地制宜地开展产前、产中、产后系列化服务，兴办经济实体，走农业产业化之路，有效地促进农业生产的发展。

（四）企业牵动

为了适应新形势下农业和农村经济结构调整的需要，兴办农产品加工龙头企业，发展贸工农、产加销一体化，以市场为导向，农民按合同生产、交售，企业按合同收购、加工、销售，使农民"种植养殖有指导，生产过程有服务，销售产品有门路"。这种技术推广方式，企业承担了一部分农业技术推广工作，同时加强了基地建设，生产经营规模化，搞活了市场，引导农业产业结构的调整。目前最有效的技术推广形式主要为"市场+公司+基地农户类型"。

（五）科技入户

科技入户方式是组织各级各类科技单位和人员深入生产第一线，示范推广优良品种和配套技术，对农民进行农业科技培训，实现"科技人员直接到户，良种良法直接到田，技术要领直接到人"；直接目的是培育和造就一大批思想观念新、生产技能好、既懂经营又善管理、辐射能力强的农业科技示范户，发挥科技示范户的带动作用，拓宽科技下乡的渠道；同时在全国构建政府组织推动，市场机制牵动，科研、教学、推广机构带动，农业企业和技术服务组织拉动，专家、技术人员、示范户和农户互动的新型农业科技网络。

第四章

农业资金与农业经济增长研究

第一节 农业资金概述

一、农业资金的概念

广义来说，农业资金是指政府、经营主体和社会其他部门投入农业领域的各种货币资金、实物资本和无形资产，以及在农业生产经营过程中形成的各种流动资产、固定资产和其他资产的总和。实际上就是指用于农业生产经营活动的所有资金之和。资金投入有很多类型，其中最重要的就是货币资金。货币资金具有很强的流动性，可以在市场中自由流转，可以快速便捷地转化为其他形式的资金。从狭义层面来说，农业资金指社会中各投资主体投入到农业生产经营活动中的货币资金。

货币只是一种重要的资金形式，但是货币与资金不可以画等号。资金可以通过一定数量的货币来表示，在一定条件下货币也可以转化为资金。但是货币与资金之间具有明显的区别。资金是可以进行循环和周转的价值，并且该价值可以保值；货币不一定是资金，只有在投入再生产过程中进行保值增值的货币才是资金。农业资金是资金，所以它是指投入到农业生产经营活动中进行循环和周转，并且保值增值的价值，具有垫支性、周转性和增值性。

二、农业资金的分类

（一）按资金的所有权划分

按照这种方式进行划分，可以将农业资金分为自有资金和借入资金。自有资金是指农业生产经营主体自身拥有投入生产经营活动的资金，这类资金不需要归还他人。它包括农业生产主体筹集的股本资金和在生产经营中积累的资金。此外，政府提供的无偿支援资金可以作为自由资金。借入资金是指农业生产经营主体通过借贷的方式获取的资金，这类资金需要按照约定到期还款。它包括向银行或信贷机构借入的贷款、向社会发行的债券等。

（二）按资金存在的形态划分

按照这种方式进行划分，可以将农业资金分为货币形态的资金和实物形态的资金。货币形态的资金是指以货币形式存在的资金，例如现金、存款等都属于货币资金；实物形态的资金是指以实物的形式投入到生产经营活动中的资金，例如各类生产资料、投入其中的产品等。

（三）按资金在再生产过程中所处的阶段划分

按照这种方式进行划分，可以将农业资金分为生产资金和流通资金。生产资金主要指各种生产资料和在产品所占用的资金；流通资金主要指各种产成品占用的资金和在流通领域中的现金、存款、应收款所占用的资金。

（四）按资金的价值转移方式划分

按照这种方式进行划分，可以将农业资金分为固定资金和流动资金。固定资金是指垫支于劳动资料上的以固态资产形式存在的资金，例如农业生产用房、机械设备、水利设施等。固定资产的单位价值大，使用时间长，并且可以重复多次地投入农业生产中，其价值会随损耗转移至产品成本中，产品的销售收入会对其进行补偿。流动资金是指垫支在种子、饲料、肥料、农药等劳动对象上的资金和用于支付劳动报酬及其他费用的资金。流动资金是一次性的，一旦投入到一个生产过程中就会被完全消耗，其价值会一次性转移至产品成本中，并会从产品销售中得到一次性的补偿。

三、农业资金的来源

第一，农业生产经营主体投入。农户在我国的农业生产经营中是最重要的生产经营主体，同时也是最重要的农业投资主体。除了农户外，农村集体经济组织、农民专业合作社、农业企业等组织也是农业生产主体，这些主体也是农业资金的重要来源。

第二，政府财政预算拨款。政府会根据实际情况为农业进行财政预算拨款，这笔财政资金也是农业资金的重要来源。一般情况下，财政资金都采用无偿的方式进行拨款，但是在一些时候部分财政资金也会通过有偿的形式进行划拨，或者转化为银行信贷资金的形式提供资金支持，这类有偿的资金提供方式主要是为了提高财政资金的使用效率，以便达到更好的使用效果。

第三，金融机构和个人融资。金融机构或个体信贷供给者也会为农业生产经营者提供多种信贷资金，这类资金也是农业资金的来源之一。信贷资金是有偿提供的，需要按照约定日期进行本息还款。农业信贷资金的提供者可以依照政策目标提供政策性贷款，也可以为了实现其商业目标提供商业性贷款。

第四，国外资金。在农业中，外国资金来源主要有以下几种。国际经济组织提供的资金，例如联合国、世界银行等组织提供的资金；政府间援助获取的资金，一些农业方面的合作投资项目投入的资金；国外金融机构、企业或个人进行的农业投资。

四、农业资金的作用

（一）资金是重要的现代生产要素

在古典和新古典经济增长理论中，各类生产要素的投入与技术进步共同作用引起经济增长。在新经济增长理论中，强调了技术、贸易、制度等因素在经济增长中起到的作用，但是依旧认可各类生产要素投入对经济增长的基础性作用。实际上，当技术水平和制度等因素保证在一定情况下，各类生产要素投入量的增加是引起经济增长的主要因素。对于农业来说也是这样，生产要素的增加会促进农业的发展，农业资金作为生产要素，所以增加资金投入促进农业发展。

（二）资金是农业生产经营主体获取生产要素的必要手段

在市场经济条件下，各类生产资料都是商品，需要通过购买获得，例如劳动力、土地等都是如此。而购买这些生产资料就需要有资金支持，所以想要发展农业，首先就要解决资金问题。从一定角度来说，农业生产经营主体拥有的资金多少反映了它从事生产经营活动的综合能力的大小。

（三）资金是农业生产经营主体的重要管理工具

在市场经济条件下，资金运动和生产经营活动是密不可分的，在生产经营中一定会有资金运动，资金运动的过程反映了生产经营活动。所以，应该充分合理地利用资金管理，这样可以更好地掌握生产经营状况并加以分析，及时发现问题解决问题，以此提高农业经营管理水平。

（四）资金的使用效益是农业经济效益的主要表现

农业经济效益可以通过很多指标进行衡量，例如劳动生产率、土地生产率等。但是在当前的市场经济条件下，资金的使用效益肯定是衡量农业经济效益的核心和综合指标，因为劳动力、土地资源这些生产资料也需要使用资金购买。可以看出，资金运用的经济效益高低，可以对各类生产要素利用的综合经济效益水平进行综合反映。

（五）资金的分配是国家调控农业的重要工具

在宏观角度看，政府对农业的财政支持力度可以反映政府对农业的重视程度，政府资金的投放方向可以反映政府对农业发展支持的重点，这样可以引导其他农业资源进行更加合理的配置，它可以帮助农业产业结构进行调整，可以进一步改善农业生产条件。

第二节　农业财政资金与农业经济增长

一、农业财政资金概述

农业财政资金是指政府财政支出中投入农业领域的资金，主要反映在财政预算中。农业财政资金包括中央和地方财政预算的农业资金；在不同的统计口径下，农业财政资金所含范围有所差异。小口径的农业财政资金由农业生产资金和农林水利气象等部门的事业费组成；中口径的农业财政资金在小口径的基础上加上了农业基础设施建设、农业科技研发与推广和农村救济等三项费用；大口径的农业财政资金包含了政府从间接渠道对农业发展的支持，如农产品出口补贴、种粮补贴、减免农业税等。

农业财政支出是政府参与农业市场活动的基本方式，而农业财政资金的投入，对于农业经济的发展，起着至关重要的作用。第一，农业财政资金的投入可为农业经济发展提供公共产品和服务，弥补私人投资的天然缺陷。第二，农业财政资金的投入有利于农业外部性的校正，在最大化农业生产正外部性的同时，减少其负外部性的影响。第三，农业财政资金的投入有利于加速农业现代化进程和产业化发展。第四，农业财政资金的投入可缓解中小农业生产者资金紧缺的困境，增强农业市场主体的活力。第五，农业财政资金的投入可对宏观市场的发展起到引导作用，保障国家的粮食安全。

二、农业财政资金投入的原则

农业财政资金投入的时机、总量和投入的结构会对农业资金应用的效果产生直接的影响，因此政府必须保证农业财政投入的科学性，坚持效率优先、兼顾公平的基本方针，坚持经济效益、社会效益、生态效益相结合的可持续发展原则。

（一）效率原则

政府作为公权力的执行者，能够依法取得财政收入，从而为农业发展提供长期持续的财政资金支持，但这并不意味着政府的农业财政资金供给是无限量的。农业财政资金的分配具有强烈的政策导向，这是因为政府无法面面俱到地为农业经济提供全方位的支持。在财政资金有限的情况下，政府应当遵循效率原则，将农业财政资金用在最需要资金支持、最有利于促进农业经济宏观发展的地方。当前我国的农业财政资金普遍存在使用效率不高的现象。一些农民在得到农业生产补贴后，并未将资金用于扩大生产，或是将政府发放的农业生产资料直接倒卖，换取现金移作他用。坚持效率原则，不仅要注重农业财政资金分配的效率，更要保证资金使用执行的效率。

（二）公平原则

公平原则并不是要对财政资金进行平均分配，而是要运用财政资金对市场经济所造成的地域或人群上的不公平状况进行矫正，以实现真正的公平。对于农业发达地区和欠发达地区的扶持，政府应当坚持农业财政资金在总量和分配结构上的统筹兼顾。各地自然环境不同，农业的社会生产力水平也不同，这造成了在一定时期内，发达地区和欠发达地区的农业经济发展并非站在同一条起跑线上，并不能获得平等的发展机会。单纯依靠市场经济进行资源的配置，只会将更多的农业资源引向发达地区。此时政府必须介入资源配置当中，保证欠发达地区农业经济的发展机会，这就要求政府本着公平的原则，对农业财政资金进行合理的安排。

（三）可持续发展原则

农业财政资金的可持续发展原则指政府对于农业资金的投入必须具有持续性，同时重视农业财政资金使用成效中经济效益、社会效益和生态效益的统一，从而为农业经济的可持续发展提供支持。农业生产是一个长期的过程，政府要实现促进农业经济健康快速发展的长期目标，就必须保证农业财政资金投入的持续性和稳定性。在农业财政资金的分配上，不能仅以农业项目所产生的经济效益大小作为衡量资金投入合理性的标准，而应该将社会效益和生态效益等多方面的因素纳入考虑的范围，坚持以综合效益最大化为价值导向。

三、农业财政资金的使用

（一）农业财政资金的政策取向

1. 农业公共性财政资金

农业公共性财政资金指国家财政在公共产品生产、管理和维护方面的投入资金，如农业纯公共设施、公共服务等方面投入的资金。将农业私人产品投入与公共产品投入区分开来，反映了效率原则的要求。农业私人产品主要由农业的生产经营者自己投入，国家只是给予引导和帮助，根据公共财政的原则，应当逐步退出竞争性的农业私人产品供给领域，把农业财政资金主要集中在农业纯公共产品的生产和管理上，集中财力向农业公共资本性项目投资，提高公共资源配置的效率。

农业公共性财政资金投入的政策取向是，由中央和地方政府财政全额无偿支付纯农业公共产品的支出，主要包括农业公共设施费支付政策和农业公共事业服务费支付政策。这一部分的财政支出在长期应当是相对稳定的。要合理确定农业公共事业部门的事业费、农业公共设施的维护费、每年新增的公共设施费和公共服务支出等，在保持稳定的基础上，根据农业发展需要，保持一定幅度的增长。对于纯农业公共产品的支出，中央和地方以及地方各级政府之间要明确划分事权，并建立完善的政府间财政转移支付制度，以保证不同经济发展水平的各个地方的农业公共产品供给达到一般水平。

2. 农业调控性财政资金

农业调控性财政支出是指用于农业结构调整、引导农户行为、缓冲市场冲击等农业宏观调控方面的财政支出。和其他产业一样，在市场经济条件下，对农业进行宏观调控是经济发展的一般要求，它体现了稳定原则。农业宏观调控性财政支出的政策取向是采用财政补贴或设立稳定基金。

市场经济条件下的宏观调控是政府在市场机制配置资源的基础上进行的一种调控，政府通过运用一定数量的财政资金，利用其乘数效应来影响和干预私人部门的行为，从而调动大量的经济资源按照预定的目标进行配置，以保持经济总量平衡、价格稳定和收入持续增长。这一过程的一个显著特点是用少量的资金来带动大量资金的转移。要达到这个效果，采用财政全额支付的方式是不理想的，一是国家财政资金数量有限，二是这一方式并不能改变被调控对象的边际成本或边际收益，所以无法带动大量经济资源的流动。而采用财政补贴却正好能达到这一目的。另外，在市场受到外界冲击时，通过建立稳定基金来稳定市场是一种有效的方式。

3. 农业保护性财政资金

农业保护性财政资金是指用于对农业产业进行支持和保护的财政支出，它体现了公平的原则。对农业进行支持和保护是由农业本身的特性决定的。农业产业的外部性和弱质性的特点要求政府通过把农业巨大的正外部性内部化，来弥补市场失灵的不足，以实现国民经济的协调发展，达到整个社会利益的最优化。一方面，由于农业产业的正外部性（如提供良好的生态景观、优美的自然环境等），农业投入不仅由投入者本身受益，而且其效益要外溢到其他地区、部门和产业等受益对象。在产权难以界定的情况下，由于无法对外溢的利益进行收费和补偿，从而降低了私人部门对农业投入的激励。如果采用农业保护性补贴来矫正这种市场失灵的情况，则可以使农业发展水平达到社会最优的水平。另一方面，农业的弱质性和高风险的特点，使得农业的一般盈利水平低于其他产业，造成农业的私人投入水平和发展水平可能低于社会发展的最优水平。这也就需要通过财政补贴来激励农业的私人投入，并提高农业投资者的收益。

通过财政手段对农业进行支持与保护是世界各国的通行做法。在 WTO 框架中，允许政府对农业发展实施一定的保护和支持政策，主要包括对农民的一部分直接支付、收入保险和收入安全网计划中的政府补贴、环境保护计划下的支付以及区域发展援助计划下的支付等，还可以使用微量支持标准对农业进行支持。

农业保护性投入的政策取向是对农业进行保护性补贴和一定数额的转移支付。农业保护补贴政策包括：①对特殊家庭的收入支持补贴。②农业生产保护补贴。③农业保险补贴。④生态农业补贴。⑤收入保险和收入安全网计划补贴政策。⑥不超过微量支持标准的其他补贴等。农业的转移支付主要包括开发扶贫财政支出、区域性农业发展扶持财政支出等。

农业保护性财政支出应当根据国家保护农业的长期目标，确定农业保护补贴水平，推算出各期的农业保护补贴投入额。对区域开发和扶贫性的农业转移支付应当依据长期的开发和扶贫战略，瞄准贫困人口，根据经济景气实行弹性的转移支付制度。

（二）农业财政资金使用效率低

随着中国政府对"三农"投入的持续增加，"三农"发展目标不断优化，"三农"投入的内涵与边界也在不断拓展。中国政府对"三农"的投入政策取向日趋多元化，不仅要夯实农村发展基础，增强农业发展后劲，提高农民农业收益，健全农村保障体制，更要让农民得到实实在在的好处。各级财政安排用于"三农"的各项资金投入，包括农村基础设施建设资金、农业生产发展资金、对农业和农民的直接补贴资金、农村社会事业发展资金等。

2010 年到 2014 年，全国一般预算农林水支出累计 57 272 亿元，年均增长 14.6%。2015 年，全国预算安排农林水支出 16 953 亿元，比上年增长 11.4%。"十二五"期间，中央安排农业基建投资 10 790 亿元，比"十一五"时期增加 4990 亿元。农业财政资金，由申报者按照项目分类向主管部门申报，部门间各自为政，来自不同渠道的支农资金在使用方向、实施范围、建设内容、项目安排等方面有一定重复和交叉，造成一些项目和资金分配存在盲目性和随意性，各渠道下达的资金难以捆绑整合使用形成合力，在一定程度上造成了损失浪费。现在涉农资金政出多门，难以提高使用效率，并增加了寻租的空间。

不少地方为提高农业财政资金使用效率，在农业财政资金管理方面进行了改革，特别是在全面推进农业财政资金的整合方面进行了尝试，但还存在以下问题：

（1）条块分割、各自为政的资金管理格局，制约了资金整合的纵深推进。

资金整合必然突破现行投资管理格局，势必引发部门间利益冲突，因而，其协调难度大，运行成本高。如果不深入进行农业管理体制改革，理顺财政农业投资管理体制，这些原发性矛盾将难以根本解决，农业资金整合就只能停留在"浅表层次"。

（2）边界不清、范围不明的整合行动，阻滞了资金整合示范效应的彰显。

（3）"以县为主""效率优先"的整合方式，凸显了县级财力的窘境。

（4）政府主导、监管乏力的整合机制，抑制了资金整合工作的可持续发展。强农惠农资金整合和统筹的监管力有限，多元化全过程监督机制尚未构建，借整合资金名义挪用强农惠农资金的现象时有发生，严重制约了资金整合绩效提升，造成不良的社会影响。

（三）整合农业财政资金的政策建议

要改变我国农业财政资金使用效率低的局面，就需要对农业财政资金进行整合。坚持以科学发展观为统领，围绕城乡一体化发展战略的总体部署，通过资金整合支持重点产业发展，逐步形成管理科学、使用高效的新机制。

1. 组建资金整合领导小组

农业财政资金包括 10 个大类近 100 个小项，涉及的部门多，协调任务重，工作难度大。资金整合工作是一项系统工程，需要各级党委和政府的高度重视，需要各相关部门的密切配合，更需要建立一个高规格的协调工作机构，加强资金整合的统筹规划和组织领导。建议在省市县各级行政层面成立农业财政资金整合领导小组，加强资金整合工作的组织领导、项目规划和部门协调。

2. 明确资金整合范围

农业财政资金包括了各级财政安排用于"三农"的各项资金投入。资金面广，来源渠道多，资金整合必须界定属性，明确范围。总体而言，除了政策性较强、有固定用途、救灾资金、补贴资金等特殊用途资金外，其余政府支农资金大多能够纳入整合范围。

3. 搭建资金整合平台

2004年中央提出整合财政支农资金工作要求，经过十几年的实施，取得一定的效果，但是整合工作仍然停留在浅表层面，主要原因是缺乏有效整合的平台和载体。要解决这一问题，资金整合工作应按照"渠道不乱，用途不变，优势互补，形成合力"的原则，搭建三大整合平台：一是以"优势产品""特色农业"为平台进行资金整合；二是以"粮食安全""现代农业"为平台进行资金整合；三是以"农民教育培训""农村公共事业"为平台进行资金整合。

4. 创新资金整合方式

农业财政资金整合是一项长期而又艰巨的工作，需要进一步创新整合方式，提高整合效率。一是资金整合采用"以县为主，多级联动，整体打包，项目支持"方式；二是按照"资金渠道不变、审批权限不变、使用性质不变、管理职责不变"的原则，将项目申报、审批、使用整合在一个管理系统；三是整合主体实现政府、农民、农村合作组织和行业协会等多元化，让社会广泛参与和监督。

5. 构建资金整合长效机制

农业财政资金整合不是简单的资金拼盘和组合，不可能一蹴而就，因此，构建农业财政资金整合的长效机制尤为重要。一是构建强农惠农资金整合的长效投入机制；二是构建强农惠农资金整合的长效激励机制；三是构建强农惠农资金整合的长效监督机制。

四、财政支农支出对于农业经济发展的意义与影响

（一）财政支农支出对于我国经济增长的意义[①]

财政支农支出资金是支撑农业发展的重要资金来源，是以财政支农支出对于农业经济

[①] 朱培培. 财政支农支出对农业经济增长的影响分析 [J]. 财经界，2021（8）.

发展具有非常重要的意义，其主要表现在两方面。

一方面，财政支出能够在极大程度上将农业经济发展过程中的短板有效弥补起来。根据近几年对农业发展的数据调查研究不难看出，限制农业经济发展的因素多种多样，影响最大的因素就是自然环境中的气候因素。在农业种植过程中，遇到旱涝灾害的可能性非常大，而且不同地区的气候环境也不尽相同，雨水、风力、光照、温度等因素都能够在一定程度上限制农业经济的发展。现阶段我国的农业市场经济环境也会造成农业发展的不利条件。随着时代不断发展进步，越来越多的农村劳动力涌入城市开展其他种类的经济活动，农村劳动资源的稀缺，从根本上制约了农业经济的发展，导致各类农业经济的发展趋势都处于同一水平，这就加剧了市场竞争的环境恶化，使得农业经济发展面临越来越严峻的现状。由于相对落后的管理与技术原因，农业生产大多粗放式生产和管理，不利于农产品数量和附加值增加，对农业生产造成非常不利的发展局面。诸多因素影响对于农业经济的生产发展都产生了限制，导致农业经济发展中的弱质型特征非常显著，而财政支农支出则能够强化农业发展中的基础设施建设，优化农业发展环境，将所有的限制性因素的影响降到最低，从而从根源上弥补农业发展的弱质性。

另一方面，我国一直处在农业大国的位置，实现经济转型是国家发展的重要目标，而我国现阶段正处在经济发展转型的重要时期，农业作为国民经济的命脉所在，是国家经济发展的基础，如果农业经济发展相对落后，那么国家的第二、三产业也都会受到不同程度的影响。

所以，在目前的经济发展环境中，强化财政支农支出支持农业经济发展的力度，对于农业的进步有着重大意义，进而从根本上保障国民经济能够良好地转型。依照现阶段农业的发展趋势来看，如果仅仅依靠农业经济自身数十年的积累很难快速实现农业现代化的目标。在这样的前提下，就需要财政支农支出发挥其统筹规划的作用，进行资金的扶持强化，进一步促进农业经济的快速发展。换言之，财政支农支出与农业经济的发展有着密不可分的关系，二者只有紧密结合在一起，在这种直接的帮扶关系之下，财政支农支出政策才能够发挥最大成效的强化作用，从而促进农业经济稳步增长。

（二）财政支农支出对农业经济发展的直接影响

政府财政支农支出可以直接形成对于农业经济的社会需求与购买力，能够有效地改善农业经济增长的环境，对于推动农业经济增长提供有力帮助。财政支农支出构建起良好的经济发展环境，在农业发展前景大好的形势下，可以吸引农民投身农业生产发展的积极性，大力投入到农业种植生产中去，增加农业人力资本数量，扩大农作物耕种面积，改善产业结构，进而在一定程度上提高经济增长效率。在农业经济生产发展过程中，农业技术、农业基础设施建设、生产资金与管理技术都是对于农业发展产生制约的因素所在，而财政部推出的财政支农支出政策为农业经济发展提供了政策扶持与资金的投入。有了这些帮助，就能够完善农业生产的基础设施建设，提升农业种植生产技术，提高农业管理效率，从而将农业经济发展中的第一制约因素彻底清除。

（三）财政支农支出对农业经济发展的间接影响

财政支农支出政策可以为农业经济发展提供大量充足的资金，通过促进居民消费、增加农业科研经费、增加农村救济费等方式间接带动农业经济发展，增加农业产出、促进农民增收、拉动居民消费、推动农村经济发展，进一步加快农业产业化发展进程。另一方面，财政支农支出增加农业科研经费投入，能够促进农业生产中新技术设备的研发与推广，为农业生产规模化经营提供技术上的支持，帮助农业企业节约生产成本、扩大农业生产利润空间。而农村救济费的投入，能够在农业生产过程中遇到灾害问题时，及时解决灾难危机，进行灾后修复工作，减少农民损失，引导当地经济迅速步入正轨，从而保证农业经济稳步提升。

第三节　农村金融与农业经济增长

一、农村金融服务体系的含义

2007 年，政府在工作报告中明确地提到要加快对农村金融的相关改革，构建一个有着合理分工、投资多元、功能完善、高效服务的农村金融组织体系。在这里，我们特别强调农村金融组织的服务功能，即全方位地使农村、农业、农民对金融的需求得到最大限度的满足，以促进它们更好、更快地发展。因此，我们极力主张尽快创新和完善农村金融服务体系。

二、农村金融体系目前的体系构架

农村金融体系，主要有两部分，具体包括正规金融组织和非正规金融组织两部分。

第一，正规金融组织。主要是指农村信用社和农村合作银行等合作金融机构，农业银行、农村商业银行等商业性金融机构，农业发展银行、国家开发银行等政策性金融机构和非银行金融机构。

第二，非正规金融组织。主要以金融服务社、基金会和各种协会等民间金融机构的形式存在。

三、农村金融体系

（一）中国农业银行

中国农业银行的发展历程并不是一帆风顺的，在发展过程中一次又一次地遭遇波折，可谓是大起大落。中国农业银行的前身为 1951 年 8 月成立的农业合作银行，但 1952 年就在精简相关的机构中与中国人民银行合并到了一起，职能并入中国人民银行。在 1955 年 3 月，为了对相关的农业合作化运动进行支援，国家再一次成立了农业银行，正式以"中国农业银行"命名。

由于中国人民银行与中国农业银行之间的工作很难区分清楚，也就在一定程度上造成了业务很难顺利开展，所以在 1957 年，中国农业银行再一次与中国人民银行合并了。1963 年，为了进一步强化对农村资金的管理，政府又一次批准建立了中国农业银行，其机构组织划分颇为分明，但是在 1965 年机构精简过程中，中国农业银行又一次与中国人民银行合并了。直到 1979 年 2 月 23 日，中国农业银行才正式得以恢复。它的恢复有助于农村商品经济发展和经济体制的活络。随着金融改革的进一步深入，1994 年中国农业银行对绝大部分政策性的业务进行了剥离。两年后，中国农业银行不再领导管理农村信用合作社，标志着中国农业银行转变为国有商业银行。2004 年，中国农业银行第一次把股改方案上报。2007 年 9 月，中国农业银行选择吉林、安徽、福建、湖南、广西、四川、甘肃、重庆开展重点面向"三农"的金融服务试点。2009 年 1 月 15 日，中国农业银行股份有限公司成立，于 2010 年 7 月分别在上海、香港挂牌上市。

中国农业银行与一般商业银行相同，中国农业银行的主要资金来源具体包含存款、借入款和银行资本等。对于一般的商业银行来说，在经营资产业务、负债业务的同时，还会进一步把其在机构、技术、资金、信誉和住所等方面的优势予以充分的利用，提供一些具有一定服务性的中间业务获得更多的资金收入。中国农业银行还对投资有一定程度的依靠，从而获得资金收入。与一般商业银行不同的是，中国农业银行还承担着具有政策性的任务，其资金一部分主要来源于政府拨款。

中国农业银行的服务对象要比其他银行的服务对象广泛得多，这主要离不开它的兼营政策性业务和商业性业务。首先，中国农业银行作为一个比较大型的上市商业银行，主要目标就是赚取一定的利润，其业务的相当部分都分布在城市之中，所以它的服务对象是城市市民和城市的大中型企业。其次，中国农业银行又承担着一定的政策性业务。政策不断对中小企业的贷款支持力度有所加强，中国农业银行在业务上也有所响应。最后，中国农业银行还保持着服务"三农"的原始属性。例如，农业银行的地方支行仍然维持其支农的传统属性，致力于对"三农"个人产品、"三农"对公产品、县域中小企业服务等金融产品的开发。

由于中国农业银行的规模相对来说偏大，所以其主要为农业产业化龙头企业、农业基础设施、农村城镇化建设等高端市场提供相关的资金。但中国农业银行的资金运用也越来越趋向于微观化。具体表现在一些支行已经开始利用自身植根基层的优势参与到农户小额信贷、个体户、养殖户等低端市场，以及县域地区乡镇企业、中小企业等中端市场。

农业银行的"三农"业务风险主要集中于县支行，为了对此类风险能够更好地应对，中国农业银行加强了建设"三农"风险管理组织的体系，进一步强化专人对县支行的风险垂直管控。通过建立健全"三农"风险管理政策制度，对"三农"客户分级、农户贷款分类等制度进一步予以完善。由于"三农"风险与自然灾害之间有着密切相关的关系，中国农业银行试图通过指导分行及时、积极、主动地化解自然灾害风险，践行灾害风险管理的有效机制。

（二）农村商业银行

1. 农村商业银行的资金来源

农商行的资金来源主要包括以下几项。

（1）股权融资

例如重庆农村商业银行已经开始在香港上市融资，并且在业绩方面表现良好。一些农村商业银行还要不断地引入战略投资作为新的资金来源。

（2）债权融资

除了对普通的金融债券进行发行之外，一些农村商业银行还相继发行了次级债券。例如，广州农商行根据对核心资本净额的预计、监管当局银行资本充足率的监管标准以及自身业务的发展，拟发行金额不超过35亿元次级债。

（3）政府出资

为了能够将农村信用社逐渐改造成为农村商业银行，在中央银行资金支持政策的激励下，地方政府积极出台相应配套的政策，主动帮助农村信用社去催收债务、进行产权改造和建立法人治理结构。农村信用社也不断加强自身的经营实力，进一步使产权结构得以完善，完成了从信用社到农村商业银行的过渡。

（4）吸收存款

吸收存款是农村商业银行资金来源的一个主体，与以前的信用社有一定的区别，农商行的贷款不仅来源于农村地区，还来源于城市之中。

2. 农村商业银行的服务对象

在我国人口中，农民占了大部分，因此支持农业、农村经济发展和促进农民致富的"三农"政策历来是党和政府的工作重点。对于农商行等地方性金融机构，中央更是将其定位为"联系农民的纽带""支持农村经济和农业发展的主力军"。

与其他金融机构相比，农商行实力相对较弱，要想生存和发展，就要走特色化经营之路。对于涉及面广、数量大的中小企业和农户，大银行限于主观和客观因素无法涉及，这就为农商行提供了巨大的生存空间。农商行的"三农"服务对象，虽然具有贷款规模小、管理成本高、利润较低等弱点，但也具有风险分散、定价能力强、便于控制等优点。近年来，农商行走出了农村开始布局城市网点。随之，其服务对象不仅限于农民和农村中小企业，同时还服务市民和城市中的中小企业。

3. 农村商业银行的资金运用

农商行的资金运用有其自身特点。用途主要为小企业和"三农"。例如，北京市农商行开通了贷款绿色通道，此类通道为小企业专属，贷款额度小且手续简单，有国内知名担保公司提供贷款担保。

另有农民专业合作社贷款，具有贷款类型广泛，担保方式多样，期限灵活等特点。又例如，江苏吴江农商行通过年初集中授信、分期滚动授信、年中临时授信相结合的办法，简化授信手续，满足农户及中小企业"随用随贷"的要求，并推出贷款、结算、上门、领现、延时服务等承诺，实行营业窗口全年无休。此外，贷款具有多样性、短期性、小额性、简便性的特点。

4. 农村商业银行的风险管理

因为是股份制商业银行，农商行的各项经营指标必须按照股份制商业银行标准执行。因此，其风险管理制度也比照中国农业银行执行。但需要注意的是，与中国农业银行相比，脱胎于农村信用社的农商行的商业属性较弱，风险管理的水平也较低，内部风险管理体制尚不健全。

鉴于上述原因，由于内部风险制度的不规范、不落实，很容易在一定程度上给农商行造成重大损失，这是值得注意的。

（三）农村信用社

1. 农村信用社资金来源

农村信用社的资金来源主要包括资本金、存款、金融市场筹资等三个部分，此外，有的还包含合作社成员缴纳的股金。资本金是指企业在市场监督管理部门登记的注册资金。其中法定资本金是农村信用社注册成立时所需的注册资本最低限额。

农村信用社起初具有封闭性，主要从信用社社员中获得资金，后随着经济发展，渐渐扩宽融资渠道，现在农村信用社的资金来源渠道已拓展至金融市场，与商业银行差异不大。

2. 农村信用社的服务对象

传统的农村信用社是由农民和农村的其他个人集资联合组成，以互助为主要宗旨的合作金融组织。所谓互助是在民主选举基础上由社员指定人员管理经营，并对社员负责。

因此，农村信用社的服务对象主要为有融资需求的农村中小企业和农户，主要是合作社成员，业务手续也较简便灵活。但随着农村信用社的商业化水平不断加深，其服务对象也在逐渐转变，由农村扩大到城市，由中小企业扩大到大型企业。其服务对象已突破传统的会员领域。

3. 农村信用社资金运用

农村信用社能有效满足"三农"资金需求的频繁性和数额低的要求。此外，农村信用社的资金用途还包括实现自我发展。

（1）在支援"三农"发展方面，农村信用社一般将贷款投向发展现代农业所必需的领域：如规模种植、规模养殖、农产品深加工企业、农业合作社、农业机械化等。而一些农村信用社对效益好、还款能力强的社员进行考察审批，最高贷款额度可突破30万元。

（2）在实现自身发展方面，农村信用社通过增资扩股扩大自身规模和压降不良贷款扶持资金的使用。并且留存一定的机动资金，作为防范化解金融风险准备金。

（四）政策性银行

农业发展银行是支持我国农业发展的一个重要政策性银行。自成立以来，农业发展银行在多项重大农业发展领域做出了突出的贡献。从其业务领域来看，农业发展银行的主要职能在于为农业、农村、农民提供信贷支持，有力促进农业和农村经济结构调整。

中国农业发展银行近年来逐渐过渡为以政策性为主、商业性为辅的金融机构。中国农业发展银行的商业性不仅体现在经营上，还主要体现在管理上。其内部管理一共包括五个部分，即完善绩效挂钩考核体系、推广应用信贷管理系统、推进收入分配制度改革和岗位绩效考核、推行财会主管委派制和综合柜员制、启动职工持证上岗等制度。这些管理内容是农发行为适应自身业务商业化转换做出的一系列改革。由于近来农发行业务范围不断扩大，农发行的政策性功能被保留的同时又增添了一些商业性功能，这些功能体现在其涉农项目的融资业务中。

中国农业发展银行的商业性还体现在风险控制流程上。农发行的风险防范采取了分账管理方式。对于政策性贷款，由国家财政部门负责监管；对于商业性贷款，则按照商业银行的模式由银监会对其各项经营指标进行考核。

由此，农发行业务流程也被分离，形成前后台相互制衡的格局。前台负责客户营销和信用调查，后台则进行贷款审查和不良贷款风险控制。这种明晰的责任制度有助于农发行工作的开展。

农业发展银行支持的大多是系统性的农村发展项目，例如农村基础设施贷款、粮食收购贷款、农业综合开发贷款，也有一些农业科技类贷款。

（五）村镇银行

村镇银行是指经中国银行业监督管理委员会根据相关的法律和法规批准，由境内的或者境外的金融机构、境内的一些非金融机构的企业法人以及境内的一些自然人出资，在广大农村地区设立的银行业金融机构，该机构主要是为当地的农民、农业和农村经济发展提供全面的金融服务。

自新中国成立以来，围绕着如何能对广大的农村群众提供优质金融服务，我国在政策上、理论上和实践中都在不断地探索与尝试。进入 2000 年后，我国的农村金融基本框架已然确立，各界对于构建竞争性、多元性的农村金融市场这一理念也达成了共识，但是真正地一点一滴地去改革发展还是非常艰难。随着农村经济的飞速发展，专门的金融服务需求越来越强烈，关于贷款需求的多样化、贷款审批的简洁化、贷款利率的低廉化等呼声越来越高。在这种客观背景下，新世纪以后国有商业银行大量撤出农村无疑使农民和中小企业的信贷困境雪上加霜，只能依靠有限的农村合作社苦苦支撑。逐步增加新型农村金融机构，开放农村金融体系已是大势所趋、人心所向。

村镇银行本质上是商业银行，因此具备充足的资金来源作为开展业务的基础。村镇银行的资金来源主要可分为两类，即资本和负债（存款类和非存款类）。资本属于内部化资金来源，负债则属于外部性资金来源。但是，不管是资本还是负债，村镇银行都存在着很大的吸储困难。

村镇银行和其他商业银行最大的不同主要体现在它们的贷款业务所面向的贷款对象上，村镇银行在缴纳足额的存款准备金之后，可使用的资金应该全部都用于当地的农村经济建设，这些方面应该按照《村镇银行管理暂行规定》来进行。村镇银行所发放的贷款首先应该充分地使县城内农户和农业以及农村经济的发展需求得到满足。在明确已经满足当地的农村资金需求后，富余的资金才可以进一步地投放到当地其他的产业中去、购买涉农债券或向其他金融机构融资。因此，村镇银行的市场定位主要在欠发达地区，针对农户和微小企业发放小额贷款。

农村金融问题错综复杂，这在世界范围内以农业为基础的国家中都是一个较为棘手的难题。因此，在这一方面的改革并非一朝一夕就能够完成，须抱有谨慎探索的态度，任重而道远。对于我国这样农业人口众多的国家，村镇银行的引入，对于解决农业地区金融机构网点覆盖率低、金融供给不足、竞争不充分等问题的出发点是好的，但是绝不会一劳永逸。村镇银行不是慈善机构，也不是政府机关，作为商业性的经营主体，其逐利的本性对其是否能够坚定不移地长期服务于"三农"是个潜在而严峻的挑战。

而且，村镇银行在设定上的门槛较低，在县（市）和乡（镇）设立的村镇银行，要求的注册资本仅分别不得低于 300 万元和 100 万元，这就在一定程度上决定了村镇银行所面向的客户群体为农村经济中较低层次的金融服务需求者。但是农村经济本身是多元的，也包含了诸如兼业经营的农工商户、有较大规模的种养殖户等资金需求规模较大，金融服务要求更高端的人群和企业。单一的市场定位和经营模式只能解决农村经济的部分困境，放眼全局，村镇银行的定位和发展方向还需要进一步的论证。

（六）互联网金融贷款

随着信息技术的发展，互联网金融逐渐成为一种金融资源的配置方式。互联网金融在农村资源配置方面要优于传统金融。

首先，互联网金融基本不会产生传统金融"抽水机"的负面作用。相反，由于农村地区的项目能够提供更高的回报率，互联网金融会吸引城市的资金，转而投资在农村地区。正如世界银行驻中国代表处的研究所指出的，"无论在拉丁美洲还是亚洲，农户和微型企业的年均投资回报率可以达到 117%～847%[①]。中国也有无数案例表明，那些资本稀缺的农户和微型企业，一旦获得资金，可以创造出比城市大企业高得多的边际投资回报率"。从调研的情况看，部分农村地区借贷的年利率介于 18%～24%[②]，在有些相对高风险的区

---

① 世行建言：重新思考中国农村金融战略模式（上）[N]. 经济参考报，2005-11-12.
② 黄超. 农村互联网金融研究 [J]. 上海农业科技，2016（2）.

域资金成本会更高一些。需要指出的是，虽然利率较高，但是由于期限和金额相对灵活，放款速度快，互联网金融发放的信贷资金实际成本未必很高。

其次，从匹配的准确性角度看，互联网金融掌握海量的高频交易数据，可以更好地确定放贷的客户群体，通过线上监控资金流向，做好贷中、贷后管理，在很大程度上克服了农村金融中资金流向不明、贷后管理不力的问题。

传统金融经过多年努力，在农村地区建立起了"广覆盖"的服务网络，但是这种广覆盖不仅成本高，而且"水平低"，其"综合金融"覆盖也基本不包括理财服务。对传统金融机构而言，理财业务门槛高，流程复杂，占用人力资本较多，在农村地区的推广有限。互联网金融已经做出了很好的尝试。类似"余额宝"的创新产品开创了简单、便捷、小额、零散和几乎无门槛的全新理财模式。早在该产品推出的第一年（2013年），余额宝用户就覆盖了我国境内所有的2749个县，实现了全覆盖和普遍服务。最西端的新疆乌恰县有1487名用户，最南端的三沙市有3564名用户，最东端的黑龙江抚远县有7920名用户，最北端的黑龙江漠河县有2696名用户。[①] 在提升了农民财富水平的同时，也进行了一场很好的金融启蒙。

四、我国农业经济的金融需求

（一）农户的金融需求分析

改革开放以来，农民收入大幅度提高，出现了大量资金结余，农户有了融出资金的需要。由于农户融出资金时主要考虑资金的安全性、流动性和升值的可能性，目前其主要方式仍多选择存款，尤其在经济发展水平较低、商业机会较少的地区更是如此，节余资金的存款频率高达85.7%，一般经济发展水平地区为50%以上。从当前的情况来看，农户这一方面的资金需求基本能够得到满足。

与存款不同，农户的贷款资金需求则相对处于压抑状态。一般以种植业为主的农户，其生产规模较小，贷款资金需求量不是很高，但是一些从事工商业或养殖业的农户，其贷款资金的需求一般大于普通农户，由于他们缺乏有效的承贷机制，缺乏商业贷款供给所要求的抵押或担保品，因而难以从银行或信用社申请到贷款。有关研究表明，仅有20%的农户能够得到贷款，这部分贷款占农村金融机构借款量的80%。因而对于相对比较贫困的中国农民而言，资金短缺依然是制约农村经济进一步发展和农民生活水平进一步提高的重要

---

① 黄超. 农村互联网金融研究［J］. 上海农业科技，2016（2）.

因素。并且随着农户经济规模的扩大，兼业活动的开展，农户贷款的愿望将越来越强烈。

我国农户基数颇大，是最基本的生产单元。每一个农户都是现实和潜在的资金需求对象，这就决定了农村对资金的需求总量是巨大的。作为农村经济发展的主体，满足他们的需求也就是满足农业经济发展的需求。农户的金融需求反映了农村金融市场化取向的最根本要求，是农村金融发展的源泉和动力。从目前情况来看，农户融入资金情况可以分为以下几种类型：

1. 传统型农户

这类农户主要是指自然经济或小商品经济下的贫困农户，以实物收入为主，大部分处于封闭、半封闭的自然经济状态。他们的特点是生产和生活资金短缺，而且承贷能力有缺陷，风险较大，因此被排斥在正规金融组织的贷款供给范围之内。他们的资金需求满足只能以较为特殊的方式实现，如亲朋好友的私人借贷、高利贷、政策性金融的优惠贷款资金、民间渠道的小额贷款、政府财政性扶贫资金等。还款来源主要为传统的种植收入或层次较低的务工收入。

2. 普通农户

这类农户是指具有一定规模的种养殖农户，已经解决了基本的生活温饱问题，具有一定的负债观念和负债意识，注重自己的信誉。其贷款需求主要来自于小规模种养殖业，金融机构对普通农户的小额放款相对来说较为安全。该农户群体是农村信用社主要的贷款供给群体，一般以信用放款方式发放。由于这类农户具有一定的诚信意识，因此他们的资金需求风险相对较低。与贫困农户相比，这类农户的资金满足率相对较高。金融机构对他们的小额资金需求，一般以信用贷款的方式发放。但由于目前农村信用社资金实力不足，难以最大限度地满足维持型农户的资金需求。

3. 市场型农户

这类农户的生产经营活动，以市场为导向的专业化技能生产。市场是农村居民实现增收和经济结构调整的重要途径，对于贷款资金的需求一般大于普通型农户，但限于农户的特点，缺乏有效的承贷机制。因此，多数情况下其资金需求来源于其自有资本和民间借贷。这类农户的资金需求特点是额度大、期限短、风险大，资金的成本承受能力较强。但是，由于缺乏承贷机制，特别是缺乏商业银行要求的抵押担保品，因而难以从银行申请到贷款。

（二）农村企业的金融需求分析

农村乡镇企业是立足于当地资源由乡村投资发展起来的，其产品主要面向市场，是中国农村工业化和城市化发展的一种特有组织形式。这类经济主体的出现较好地解决了农村大量剩余劳动力转移的问题,对中国经济的发展做出了一定的贡献。

乡村中小企业的金融需求主要表现为资金融出(即存款)、结算和资金融入,以资金融入的需求为主。其金融特征主要表现为融资市场化程度高、负债率高和非规范的直接融资占负债的比例较高。目前中国农村地区的正规金融机构基本能满足中小企业的存款服务和结算服务(农村信用社由于管理体制的原因,结算渠道存在速度较慢的问题),但由于资金规模、贷款方式等因素的制约,对企业的贷款需求满足程度较低,严重制约了企业的发展。

乡村中小企业的发展过程决定了其资金来源的多元性,如乡村政府的积累投入、财政投入、政府向民间的集资、职工入股、个人积累、正规金融机构和民间金融组织的贷款和外资投入等。乡村中小企业由于其产品市场供给和需求均衡变化的不确定性较大,因此农村金融机构对其发放贷款的风险性较大,虽然乡村企业一直是农业银行金融商品供给的主体,但是成长中的乡镇企业的资金短缺却一直是较为突出的问题。

(三)农村基础设施建设信贷需求

农村基础设施是指广大农村地区工程构筑、设备、设施和所提供的为居民所用和用于经济生产的服务,而且都程度不同地存在着规模经济,存在着使用者与非使用者之间的利益溢出性。农村基础设施主要包括资金密集型的基础设施,如灌溉和水利设施、交通运输设施、电网、自来水等;非资金密集型的基础设施,如义务教育、公共卫生、农村科研和技术推广服务等。农村基础设施建设(除水电外)的社会效益大而收益小,资金需求规模大,生产周期长,缺乏抵押担保,是典型的公共产品。农村基础设施建设的金融需求主要表现为资金融入需求。

新农村建设中的农村基础设施还应包括农田水利、耕地质量和生态建设,乡村生活基础设施、能源建设、公路、村庄规划和人居环境治理等。这些基础设施建设一般(除了水电和高速公路)社会效益大而收益小,信贷资金需求规模大但建设时间长,回收慢,且缺乏抵押品,具有公共产品或准公共产品性质,一般来说这类贷款由当地的基层政府来主导。但由于对这些产品的投资社会效益大而基本上没有任何收益,资金需求规模大,生产周期长,缺乏抵押,金融机构一般不愿发放贷款。

(四)农村政府机构的金融需求

地方政府作为农村经济活动的"准市场主体",不仅担负着提供地方性公共物品、维护社会经济秩序这些基本经济职能，而且担当着我国特有的保证地方经济增长的职责，从而造就了这一产权边界模糊的"准市场主体"的融资行为。融资的投向除了必要的一些农村基础设施或公益项目、小城镇开发建设所需之外，还包括用于满足政绩工程及推进本地经济增长的投资扩张项目，甚至包括用于弥补本级财政支出和官员在职消费所需资金。

从制度层面来说，地方政府的资金支出首先依存于各级农村地方政府财政，当财政资金不能满足需求时，才会产生信贷需求。从理论上来说，农村地方政府可以税收或投资项目未来现金流为保证将信贷需求层次定位于商业性需求，但实际上却是依托于历史上形成的地方政府与金融机构之间的产权或行政联系，常常以"党委集体决定"或以"领导担保"为条件，干预辖区的信用社或农业银行贷款，甚至强制一些准正规金融机构（如曾经兴盛一时的农村合作基金会）向政府指定项目或指定企业发放贷款，这就形成了从合作性需求到商业性需求的逻辑层次。

（五）区域新农村建设金融需求

社会主义新农村建设对于打破城乡界限，缩小城乡差别，消除中国的二元经济结构，意义十分重大，但在农业水利设施、农村道路硬化、农村人居环境和小城镇建设等方面需要有大量的资金投入。从目前来看，虽然中央政府与各级省市政府都安排了一定的财政资金投入，但这种投入规模与新农村建设所需资金规模之间还存在极大的缺口，社会主义新农村建设已从客观上形成了对信贷资金的需求。但这种信贷资金需求的满足目前遇到的最大障碍是无承担主体。

从目前农村各经济主体来看，首先是各级政府不能成为受信主体，一方面的原因是由于新农村建设的许多工程超越了政府的行政区划，另一方面是由于政府不可能以税收担保这种信贷资金的风险；其次是农村企业在利润最大化原则下不可能承担社会发展功能而不能成为受信主体；最后农村经济联合体与农户若按受益原则似乎可以成为受信主体，但经济联合体与单个农户的弱小性决定了其不可能成为庞大农村建设资金的受信主体。正因为受信主体的缺位，使目前社会主义新农村建设的信贷需求无法得到满足。

五、美国的农村金融体系

美国是世界上农业高度发达的国家，它不但有着优越的自然条件、发达的科学技术，而且还有很重要的一点就是美国的农村金融体系为农业的发展提供了强大的资金支持和全面的金融服务。美国的农业金融机构建立于 20 世纪初，至今已经建立了以合作金融体系为主导、以政策性金融为补充的、商业金融和私人信贷也提供一定程度支持的多层次、全方位的农村金融体系。这里主要对美国的合作金融和政策性金融做相关的介绍。

（一）合作金融体系

农户信贷系统是美国的合作金融体系，根据 1916 年政府颁布的《农户信贷法》，由政府出资，采取自上而下的方式，逐步地发展起来。它的主要目的是通过对农业相关组织、农业发展项目放贷，使农业可用资金的来源得以扩大范围，并对农民工作条件和福利进一步地改善，使农民收入在一定程度上有所增加，加快农业的发展进度。其系统主要包括三大部分：联邦中期信用银行、合作社银行以及联邦土地银行。

（1）联邦中期信用银行是美国最重要的一个农业信用合作系统，该系统由 1923 年美国政府在 12 个信用区建立的 12 家联邦中期信用银行组成。主要是提供中短期的动产农业抵押贷款，它的建立在于对都市工商业金融与农村的农业金融之间进行沟通，以把都市资金吸取来更好地用于农村。但需要注意的是，它不是直接贷款给农户，而是贷给农民的合作社及其他各种农民的营业组织，主要是以贷给生产信用社为主，以更好地促进农牧业的生产与经营。

（2）合作社银行主要对中央机构进行负债清算和资金调剂，为区域的农业合作社提供贷款和咨询服务是其最主要的职能，目的是为了帮助合作社扩大农产品销售、储存、包装、加工农产品，保证农业生产资料供应和其他与农业有关的活动。

合作社银行主要提供三种贷款：一是设备贷款，二是经营贷款，三是商品贷款。除这三种贷款外，合作社银行还开展国际银行业务，为农业合作社农产品出口提供便利。

（3）联邦土地银行实行股份所有制，每个合作社必须向联邦土地银行缴纳本社社员借款总额的 5% 股金，银行股权归全体合作社所有，也间接地归全体借款人所有；联邦土地银行的主要业务是提供长期的不动产抵押贷款，贷款对象主要是个体农场主，贷款期限为法定的 5~40 年。

从美国合作金融的整体性建构来看，具有一定的官办色彩，特别是这三家专业性银行的资本金，完全是由政府为它们提供的，在某种意义上来看，可视为半官方金融机构。但是，在成立后的一段时间内，这些银行逐步把资金归还给政府，向完全的合作制进一步转变。其中，联邦土地银行于 1947 年完成了合作制转换，联邦中期信用银行及合作社银行于 1968 年实现合作制。

虽然这些机构可以实现自给自足了，但是政府并没有因此放任不管，而是依然为它们提供了大量优惠以促进合作金融体系的可持续发展。其中最主要的措施包括三个。

（1）允许发行农业信贷债券和票据。其等级相对来说较高、信誉好，而且持有者会免征州和地方的所得税，这就类似于政府债券一样，因而在融资方面是比较容易的。

（2）税收优惠。依据美国相关的规定法律，合作金融机构享有税收优惠，除了自身所有的不动产之外，其他一切都免征税。与其他金融机构相比，免税可以进一步增强合作金融机构的竞争力。

（3）允许进行股权类融资。这些银行可以发行没有投票权，只有分红权利的"参与证"来融资，这样既可以使资金来源有所扩大，对于合作制的基本精神又不会违背。

1985年，为了能够进一步适应美国的金融体系进行相关的购并、重组的浪潮，根据修订的《农业信贷法》，其合作金融体系在结构上进行了较大的改革。

进行改革之后，出现最大的变化就是使区域结构有了一定的改变，原有的各个区域内平行分布的专业金融机构已经进行相关的重组成为具有一定综合性的机构：美国农业银行、农业银行、第一农业银行、得克萨斯农户信贷银行和合作社银行。改革后，在一定区域内只要在其中一家金融机构就可以办理相应的综合性业务，进一步使成本有所降低，进而使竞争力有所提高。

（二）政策性金融体系

在美国的农村金融服务体系中，与合作金融体系相配套的主要是由政府进行主导的政策性金融体系，它专门针对于农村和农业发展来实施政府所下发的优惠政策。根据《农业信贷法》这个体系主要由农民家计局、农村电气化管理局、商品信贷公司和小企业管理局组成。这些金融机构的资金主要来源于政府为其提供的资本金、预算拨款、贷款周转资金和部分借款，服务对象各有侧重。

（1）农民家计局，是美国政府办理农业信贷的一个主要机构，创立自耕农户，对农业生产做相关的改进，使农民生活得到一定的改善，是其设立的主要宗旨。它们所进行服务的对象主要是那些难以从商业银行和其他农业信贷机构借到贷款的农业从业人员，从而进一步帮助贫困地区和低收入的农民解决资金短缺的问题。

农民家计局对资金的运用主要是为了提供贷款和相应的担保。不仅如此，农民家计局也是政府农业政策实施的主要工具，在农业部的领导下有力地促进农村的发展。

（2）农村电气化管理局，主要为了使农村公共设施和环境有所改善而设立，由于有关农村基本建设的问题，需要运用大量的资金，且回收时间很长，可以说有着很大的风险。这对于一般的金融机构来说，是难以胜任的，只有国家出面，在进行统一规划的基础上，把财政和优惠贷款合理地利用好，才能进一步地予以解决。自从农村电气化管理局成立以来，通过对农村电业合作社和农场等借款人发放贷款，使农村电气化水平得到了很大程度上的提高。

（3）商品信贷公司，主要是帮助政府进一步实施对农产品的大力支持和保护政策，对农业生产进行适当的控制，避免农业出现的生产波动影响到农业生产者。商品信贷公司对资金的运用形式主要为提供一定的贷款和相应的支付补贴，其中主要包括农产品抵押贷款、仓储干燥和其他处理设备贷款、灾害补贴和差价补贴等，一般多为短期流动性贷款。

（4）小企业管理局，主要是针对一些在贷款方面有较大需求的小农场。通常，小规模的贷款可以由农民家计局发放，而形式多样化、规模较大的贷款则由小企业管理局进行相关的发放。两个部门之间相互协作，共同促进美国小农场的建设发展。

六、日本的农村金融体系

日本是一个人多地少的国家，但是在二战后，其在农业生产和农业现代化方面却有了很大程度的进展。这里一个最重要的原因，就是日本政府凭借自身相对雄厚的财政，建立了较为完善的农村政策性金融体系和强大的合作金融体系。政策性金融机构主要是指日本农林渔业金融公库；合作金融机构主要是日本农协内部的三级合作金融部门。

（一）政策性金融体系

1. 日本农林渔业金融公库

建立日本农林渔业金融公库，其目的就是为了在农林渔业者在向农林中央金库和其他金融机构进行筹资发生一定的困难时，可以最大限度地给他们提供利率较低、偿还期较长的资金。长期以来，该机构运行状态一直较好，这也在很大程度上促进了日本农林渔业的进一步发展。

2. 日本农协的政策性业务

尽管农协的信贷业务从其性质上而言属于合作金融的范围，但是由于日本农林渔业金融公库的资金投放以委托放款为主要形式，故农协系统承担着相当比重的政策性贷款业务，其中主要包括农业现代化资金、农业改良资金、农业经营改善资金和灾害资金。

（二）合作金融体系

农协是日本的一个合作金融组织，从中央到地方一共形成了三级体系。

（1）农林中央金库是最高层，为中央一级，是各级农协内部以及农协组织与其他金融机构融通资金的一个主要渠道。它是农协系统的一个领导机构，主要对系统内资金的融通、调剂、清算进行负责。由于其有着较为突出的地位，它主要把资金贷给信农联和全国性的大企业。

（2）都道府县级组织则是中间的一层，成立信用农业协同组合联合会，简称信农联，主要帮助基层农协进行相应的资金管理，并在全县范围内对于农业资金的结算、调剂和运用进行相关的组织。其资金要首先使辖区内部的基层农协的资金需求得到满足，然后再使县内中等企业的要求得到相应的满足。

（3）最基层的是农业协同组合，为市町村一级，主要把资金贷给内部社员，不以营利为目的。

七、印度的农村金融体系

印度是一个处于发展中的农业大国，而且与我国有很多相似的地方，其农村金融的成功方面尤其值得我国进行相关的借鉴。

（一）印度农村金融体系的演进

印度在独立初期，高利贷大概要占到印度农村信贷总额的一半以上，其他信贷规模普遍都处于一个比较低的态势。20 世纪 60 年代中期以前，成立于 1904 年的印度合作金融机构是农村信贷资金的主要提供者；随后，商业银行在农村经济发展的过程中发挥了非常重要的作用。但是流向农村的信贷资金并没有使农户的具体需要得到充分的满足。

印度政府从 20 世纪 60 年代，开始实施绿色革命，以各种相关的措施来对农村金融的发展进行相关的支持。在 1969 年至 1980 年间，一共进行了两次相关的银行国有化运动，对国有银行进行直接的控制，并在农村中设立大量的金融机构。不仅如此，印度政府还进一步对私人银行与外资银行要求：必须增加相应的农村网点，与此同时颁布了一系列的相关法令，设立土地发展银行、地区农村银行，对监管体系进行相应的调整。

另外，还规定银行对优先部门的贷款比例以保证有机构进入农村的同时还有足够的资金进入农村，从而增加对农户信贷资金的供给。政府为了能够直接或间接地支持农村的金融活动，还实施了一系列的计划，主要包括推行现代农业技术为中心，辅之以农业信贷、财政补贴、农产品价格支持等。随着这些措施的一一实行，印度支持农业发展的金融体系逐渐得到发展和完善，同时也在很大程度上使农村的金融需求得到相应的满足。

（二）印度农村金融体系现状

目前，印度农村金融体系主要包括：印度储备银行（RBI）、商业银行、地区农村银行（Regional Rural Banks，RRBs）、合作银行（或合作社）、国家农业和农村开发银行（the National Bank for Agriculture and Rural Development，NABARD）。

印度储备银行是国家的中央银行，它对农村的金融机构实施单独的许可准入制度，以鼓励和促进农村金融机构的发展。在 1982 年以前，主要对各农村金融机构负责监管和协调任务。为了进一步加强政府的扶持力度和对农村金融的监管，1982 年 7 月，印度将印度储备银行农业信贷部、农村计划和信贷办公室与农业再融资开发公司合并到一起，成立全国农业和农村开发银行（以下简称农发行）。农发行的地位相当于农村金融体系的中央银行，为农村金融机构贷款，并负责对所有农村的金融机构进行监管，这是整个农村金融体系的主要核心。

地区农村银行是另一个政策性很强的金融机构。由于农村信用社无论是在资金来源方面还是在经营管理方面都相对较为薄弱，而印度商业银行却有着雄厚的资金，并且有着专业的管理，但服务对象却是城市。为了能把两者的长处结合在一起，印度 1976 年通过《地区农村银行法》，建立了地区农村银行。每个地区农村银行均由一家商业银行主办，由中央政府认缴 50%，邦政府认缴 35%，主办商业银行认缴 15%，还可通过发行债券进行筹措资金。

地区农村银行的营业机构主要建立在一些农村信贷机构薄弱的地区，小农、无地农民和农村小手工业者等贫穷农民是最主要的贷款对象，不仅如此，还要给贫苦农民提供能够维持生活的消费贷款，贷款利率一般要比当地农业信用合作机构的低。地区农村银行大量机构的设立，使印度农村地区金融机构的覆盖率得到很大程度的提高。而政府所提供的直接支持，也在很大程度上维持了这些地区农村银行在农村信贷体系中的特殊地位。

印度的合作金融机构是整个农村金融最为基础的力量，它主要分为两类。

一类是提供短、中期贷款的合作机构，主要是信贷合作社；另一类是专门提供长期信贷的合作机构，主要是土地开发银行。

信贷合作社自下而上又可以具体分为三个层次：最低一级的是初级农业信用社，由农民集资入股而成，主要向社员提供短中期的贷款，期限一般是一年，利率比较低。除提供贷款外，它还要向社员提供生产资料供应、安排剩余农产品销售等相关服务。在初级农业信用社的基础上形成地区性中心合作银行，是中层信贷合作机构，其经营活动限于某一特定区域，主要是向由农民组成的初级农业信用社发放贷款，以解决其成员即初级农业信用社资金不足的困难。它是初级农业信用社和邦合作银行的桥梁。邦合作银行是最高一级，其成员为邦内所有的中心合作银行。它的资金主要来源于从印度储备银行取得的短期、中期贷款，还有一部分主要来自于个人存款及中心合作银行的具体储备。

土地开发银行是为农民购买价值较高的农业设备、改良土壤、偿还国债和赎回抵押土地而提供的一种长期信贷。它也可以分为两级，即每个邦的中心土地开发银行和基层的初级土地开发银行。初级土地开发银行与农民有着直接的业务联系；中心土地开发银行则主要向初级土地开发银行提供资金。

对于各商业银行来说，由于农村金融业务存在一定的高风险，其在农村的业务规模相对较小，政府为了能够使资金流向农村，实行对"优先部门"的强制性贷款规定：本国银行对优先部门的放款不得低于贷款净额的40%，外商银行不得低于32%。

其中这些优先部门主要包括农业、小型企业、出口产业，甚至涵盖政府推动的住宅贷款计划，其中对直接用于农业部分不得低于贷款净额的18%，对农业薄弱部门和农村地区有关活动的直接贷款须占对农业贷款的55%。如果没有达到规定的比例，差额部分的资金以低于市场利率的资金价格存放到国家农业农村发展银行，由国家农业农村发展银行对地区农村银行和邦农村合作银行进行再融资，也可以购买印度农业农村发展银行的债券。大量的贷款保证了农村发展的资金支持，提高了农业的增长率。

第四节　农业保险与农业经济增长

一、农业保险的概念

（一）农业保险的保障范围

1. 农业保险标的范围

农业保险标的范围，是指农业保险所承保的所有标的的集合。农业保险的标的范围是与农业生产相关的财产，以及这些财产的相关利益和责任。例如，种植的农作物、种植的林木、饲养的家畜等都可以作为农业保险标的。

从国际惯例来看，农业保险大多数都是政策性保险，还有一些风险程度较低的险种是商业保险。下面对政策性保险进行分析。

2. 农业保险的保险责任和除外责任

（1）农业保险的保险责任

根据农业风险的可保性条件，农业保险的保险责任主要包括以下原因引致的农业保险标的的损失：

第一，不可抗力的自然灾害和意外事故，例如台风、暴雨等气象灾害，疫病、触电、空气污染、中毒等；

第二，采用新技术、新工艺、新品种、引进资金等的技术风险、责任风险、信用风险；

第三，为了公共利益而牺牲的个人利益，例如为了防止疫病蔓延，按照政府政策对家畜进行捕杀掩灭；

第四，农产品价格波动、预期利润等。

（2）农业保险的除外责任

农业保险的除外责任是指不可以列入保险范围的风险责任，其中包括政治风险、道德风险引致的损失。下面这些行为是不可以列入保险范围的风险责任的。

第一，战争、政治动乱、军事行动或暴力行为；

第二，被保险人或与其有亲近关系的人员的故意行为；

第三，生产管理不善，技术措施使用不当等过失行为；

第四，没有按照正确的方式进行防护、维护等行为；

第五，产业政策改变等政治经济行为。

（3）农业保险的特别规定

因为企业经济能力或农民承受能力的限制，原中国人民保险公司对农业保险的承保还有一些特别规定，例如：

第一，对地震灾害、干旱灾害不提供保险；

第二，对洪泛区、洪水线以下的标的物不提供保险；

第三，对价格风险、预期利润不提供保险；

第四，一般只对承保标的的费用、成本提供保险，不对产量、产值提供保险；

第五，实行不足额承保，即只保保险价值的一定成数；

第六，植物病虫害、水产养殖类和特种养殖类标的原则上不提供保险。

（二）农业保险的分类

1. 按农业生产的对象分类

按照这种方式可以将农业保险分为种植业保险和养殖业保险。

种植业保险是指标的物为植物性生产的保险，例如农作物保险、林木保险等；养殖业保险是指标的物为动物性生产的保险，例如牲畜保险、家禽保险、水产养殖保险等。

2. 按保障程度分类

按照这种方式可以将农业保险分为成本保险和产量、产值保险。

成本保险是指将生产投入作为确定保障程度的基础的保险，其保额根据生产成本确定。农业生产成本并不是固定的，它会随着动植物的生长而变化，所以成本保险一般都会采用变动保额、按生育期定额保险的方式进行。

产量保险或产值保险，是指以生产产出作为确定保障程度的基础的保险，其保额是根据产品产出量确定的。按照实物量计算的为产量保险；按照价值量计算的为产值保险。农产品的产量要等到整个生长周期完成后才可以确定，所以产量或产值保险一般情况会采用定额保险的方式进行，这是指按通常正常产量的一定成数承保。进行不足额承保是为了对道德风险进行控制。

3. 按交费方式分类

按照这种方式可以将农业保险分为短期农业险和长效储金型农业险。

短期农业险是指投保的保险期限较短的保险，一般情况下短期农业险的保险期限不超过 1 年。投保人想要连续投保，应该按照相关合同条款的规定在一定时间内直接续费。

长效储金型农业险是指保险期限较长的保险，一般情况下这类保险的期限在 3 年以上。投保人按照合同中的约定交纳一定数额的储金，这些储金的利息当作保费，保险期限内投保人不需要每年交费。例如小麦储金保险、林木储金保险等属于这类保险。

4. 按保险标的所处生长阶段分类

这种划分方式一般是将农作物作为保险标的的，可以分为生长期农作物保险和收获期农作物保险。

生长期农作物保险是指对农作物在生长期间可能遭受的灾害造成的损失进行投保的保险，例如水稻种植保险、大麦种植保险等。

收获期农作物保险是针对农作物成熟收割及其之后脱粒、碾打、晾晒、烘烤期间所受灾害损失的一种保险。收获期农作物保险和一般的财产保险不同，农产品需要在临时加工场地进行初步加工入仓后，才可以通过财产保险进行投保。

5. 按保险责任范围分类

按照这种方式可以将农业保险分为单一风险保险、多风险保险和一切险保险。

单一风险保险是指其承包范围只包括一种责任的保险，例如小麦雹灾保险、林木火灾保险等。

多风险保险是指对一种以上可列明责任进行承保的保险，例如水果保险可以承保风灾、冻害等。

一切险保险是指承保除不保风险外的全部风险的保险。一些国家有农作物一切险保险，其承保范围几乎包括了所有农作物可能遭受的灾害事故造成损失的责任。我国目前没有这种保险。

6. 按保单形式分类

单险种保险是指一张保单的内容只包含一个险种的保险。

组合式保险是指一张保单的内容包括多个相关险种的保险。例如，塑料大棚保险包含棚体保险和棚内作物保险两部分内容。

二、农业风险的可保性

（一）农业风险可保性的概念

农业风险的可保性，是指农业风险能否作为可列明责任作为农业保险的承包对象。当某一农业风险被认定可以作为保险责任承保，就可以将之称为可保农业风险；相反就称作不可保农业风险。

农业风险的可保性并不是一成不变的，它会随着时间、经济、技术等因素的变化而变化，一些因素的变化就可能引起可保性的变化，某种风险可能在可保风险和不可保风险之间转变。

（二）决定风险可保性的因素

第一，要对风险的积累数进行考虑，保证风险具有一致性，只有保证风险的同质性才能明确风险的损失分布，才可以清晰地对损失概率进行预见和计算，并计算和预见未来的损失概率。通过有关风险的充足数据可以确定风险是否具有一致性。

第二，这种风险不能是有意行为所致而又对被保险人没有损失。因为保险是一种对不可抗力因素引起的风险造成损失的赔偿方式，并不是被保险人的获利手段。

第三，风险造成的损失应该足以引起其收入或投资的根本减少。如果损失并没有引起被保人收入或投资的根本减少，保险成本会很高，也就不会发生保险交易。

（三）农业风险的可保条件

1. 风险的不确定性相对较高

保险的首要条件就是保证风险具有不确定性。不确定性是对风险的发生概率的表现，当发生风险的概率为0.5时，不确定性处于最大限度；当发生风险的概率低于或高于0.5时，不确定性减小；当风险发生的概率为0或1时，风险不再具有不确定性。对于受损率为100%的标的，是不适于保险的；对于受损概率过小的标的，也不适于保险。

2. 风险发生要有规律性，并且风险损失概率可以计算

使用一定方法充分利用多种相互独立的同质风险单位的集合，可以对该类农业风险的未来损失率进行计算和预见，并从中发现风险发生的规律性，这样就可以大大减少风险的不确定性。当保险人有可能了解一类风险的规律性时，才能确定该类保险的纯费率。

3. 一般必须是纯粹风险

这是指承保风险的发生只可能造成损失，不会为被保人带来盈利。根据保险合同中的约定，被保险人通过保险获得风险发生造成损失的经济补偿，而不能因此而获得额外利润。

4. 不易通过其他途径予以避免的风险

对于那些可以通过其他手段较为容易地和较为经济地加以避免的农业风险，不宜承保。例如，一些农作物的病害和虫害是可以通过合理使用药剂或进行品种改良而进行防范和控制的，这类风险不宜承保，承保这类风险可能导致被保险人不进行灾害防治，因为造成的损失可以通过保险获得赔偿，这样不利于进行道德风险的防范。

三、政府在我国农业保险模式中的定位

（一）政府作用于农业保险的类型

按照政府在农业保险中所起作用的程度进行划分，可以将农业保险模式分为政府主导模式和政府诱导模式。

1. 政府主导

政府主导是指由政府进行直接出资建立农业保险机构，并由政府对农业保险业务进行直接经营和管理，政府承担业务盈亏；或者政府直接出资设立农业风险基金，如果发生农业灾害，政府通过农业风险基金为受灾农民提供补偿，以此对农业进行必要保护。

2. 政府诱导

政府诱导是指政府利用一定诱导机制激发各农业保险组织经营农业保险的积极性，以此扩大农业保险市场化运作的规模，加强其功效，进一步推动农业保险的发展。政府诱导

可以进一步划分，分为以下四种类型。

第一，制度诱导。这是指政府通过一系列的法律法规和相关制度对农业保险机构进行激励和约束，促进农业保险市场的规范化、秩序化、高效化。这些法律法规和相关制度包括《农业保险法》，农业保险的市场准入制度、再保险制度等。

第二，政策诱导。这是指政府利用税收优惠减免政策，激励各农业保险机构开展农业保险业务，推动农业保险行业的发展。因为按照政策规定农业保险经营机构可以获得更多利益，可以激发他们从事农业保险业务的积极性。

第三，财政诱导。这是指政府通过财政补贴的方式减轻农业保险经营机构在农业保险经营中产生的亏损，促进农业保险供给增加；同时政府可以给予农业经营者必要的保费补贴，以此促进农业保险的市场需求实现有效增长。

第四，再保险诱导。再保险是指保险人在原保险合同的基础上签订保险合同，将自身承担的风险和责任向其他保险人进行投保的行为。农业再保险诱导是指政府出资设立农业再保险机构，该机构会对原保险机构的超额赔偿部分进行保险赔偿，通过这种方式对原保险机构承担的风险和责任进行分摊，为原保险机构的正常运行提供保障。

（二）我国政府在农业保险发展中的定位选择

政府在我国农业保险中的定位不能一概而论，因为不同地区的经济发展情况等背景条件并不同。改革开放以来，我国经济飞速发展，但同时也出现了明显的发展不均衡现象，各地区的经济发展水平呈现出不同状态。在这样的背景下，政府在我国农业保险发展中的定位和发挥的作用应该根据各地的实际情况进行选择。

在我国一些经济发达地区，例如北京、上海等城市，农业 GDP 占总 GDP 的比重低，并且这些地区的财政实力强，所以可以采取政府财政诱导的方式促进农业保险的发展。可以为农业保险提供一定补贴，对农业保险经营机构提供运营补贴、减免税收，对投保农业经营者提供保费补贴。

在沿海经济发达的农业大省，如浙江、山东、广东等，这些地区的财政实力也较为雄厚，但是农业 GDP 在总 GDP 中的比重较大，所以政府通过财政诱导的方式促进农业保险发展并不能起到较大作用。在这些地区应该充分调动市场的积极性，在市场充分发挥作用的前提下，进行政府的政策诱导，或者从制度上明确进行适当的财政兜底。

对那些经济发展水平一般的东北地区，如黑龙江、辽宁等地区，政府的财政诱导起到的作用更小，这些地区一般都是我国的农业大省，农业生产经营的规模大、生产力水平高，所以在这些地区政府必须充分发挥其在农业保险中的积极作用，政府要充分发挥其在农业税收政策以及其他农业政策上的作用，通过政策诱导的方式促进这些地区的农业保险发展。

我国大部分中西部地区，经济发展水平较低，财政实力薄弱，并且农业 GDP 的比重大，通过政府的财政诱导不可能对农业保险发展发挥作用。地方政府可以通过税收政策和制度环境上进行诱导，尽可能调动农业保险市场的积极性。

相较于地方政府，中央政府在农业保险中可以发挥更大的诱导作用。对于全国各个地区的农业保险发展，中央政府可以根据实际情况采取制度供给、税收政策优惠、市场准入、再保险机制的建立、财政诱导等措施，促进农业保险的发展。但是中央财政诱导应该仅作用于国家产粮基地的农业生产区域，保证和促进国家的粮食安全。

可以看出，在市场经济条件下，必须推进农业保险的发展，政府在农业保险发展中发挥作用也是必然的。政府应该在农业保险的发展中充分发挥其诱导作用，合理利用财政、政策和再保险诱导形式，通过市场机制对农业保险进行调节，只有在市场机制完全失灵的农业保险领域政府才应当发挥主导作用。

四、中国农业保险经营模式的选择与设计

根据农业保险经营模式的具体实践，以及我国的实际情况，我国农业保险经营模式应该将强制保险和自愿保险有机结合，将政府诱导和商业化运营有机结合，并进行多层次、多主体的保险经营。

（一）农业保险种类划分与农业保险基本运作模式的形成

农业风险可以分为三种类型，即可保性强的农业风险、可保性较低的农业风险和可保性较差的农业风险。

1. 对于可保性强的农业风险

可保性强的农业风险可能为商业保险公司带来一定盈利，所以对于这类风险可以采取市场化运作和再保险机制兜底的经营模式，政府只需要发挥其政策和制度诱导功能，这样的运作模式可以称作市场主导型模式。

2. 可保性较低的农业风险

因为这类农业风险的可保险比较低，所以只依靠市场进行主导肯定会造成农业保险公司的亏损，所以市场没有能力单独提供该类保险，这就要求政府必须多角度地介入保证该类保险业务的开展。政府应该给予农业保险公司必要的制度、政策和财政诱导，同时利用

再保险机制帮助保险公司分摊责任和风险，这种将政府机制与市场结合的运作模式称作政府诱导型模式。

3. 可保性较差的农业风险

这类农业风险可保性极差，市场化运作对于这类风险没有什么作用，所以就要求充分发挥政府机制和社会捐助机制，通过这些机制设立巨灾风险基金与农业灾害救济基金。通过这类基金，可以推动农业再保险的发展，同时可以对大范围的农业风险事故损失进行直接补偿，这样可以将巨灾风险带来的损失分摊于社会各阶层或全体纳税人，这种运作模式称作政府主导型模式。

（二）市场主导型农业保险运营模式

有一些农业风险属于可保性较强的农业风险，例如农作物病虫害、农作物雹灾、牲畜的非传染病等，尤其是那些农业生产经营中市场化、商品化、产业化程度高，又面临低风险的种植业、养殖业，例如烟叶、家兔等。这类生产经营一般会采取"基地＋农户＋龙头企业"的运作模式，这种运作模式可以将风险初步分摊于基地、农户和龙头企业之间，所以为其带来更强的可保性。可保性强的风险使市场导向的各保险机构有盈利的可能性，并且政府还通过制度和政策功能对农业保险机构进行鼓励、诱导，同时还会有一定农业再保险机制加以支持，这就保证市场主导型农业保险模式有能力运行和发展。在市场主导模式下，农业风险会在基地、农户、龙头企业、原保险人和再保险人之间进行广泛分摊，保证农业保险公司有机会获取预期利润。

在市场主导模式下，中央政府和地方政府应该保证坚持"有所为有所不为"原则。"有所为"是指政府在农业保险发展中发挥制度和政策诱导的功能，为农业保险公司营造良好制度环境，创造合理的盈利机会；"有所不为"是指政府不应该直接介入农业保险活动，应该充分发挥市场自身的作用，通过市场主导推进农业保险的发展。在政府的制度和政策诱导下，各保险公司可以更深入地对农村保险市场进行挖掘，在大农业险或大农村险的框架下发展可保性强的农业风险，根据农业保险需求开设各类商业险种，例如农村责任险、财产险、农业险等，在开展广泛调查研究的基础上，在保险公司和农户之间制定一个最佳的保费费率平衡支点，以此保证保险各方当事人的利益和积极性。以此为基础，设计出可以满足各方条件的农业商业保险和约，以此促进农业风险可以通过大数定律更有效地在广大投保人之间进行分摊，推动商业性农业保险的健康发展。

（三）政府诱导型农业保险运营模式

1. 农业再保险制度框架的运作

农业再保险的基本职能是帮助农业保险人分摊其承担的风险和责任。如果农业保险人承担的风险达到一定程度，可能会影响该保险人自身的经营稳定时，就可以通过农业再保险机制将其承担的风险进行分摊和转移。我国的农业再保险机构是由中央政府直接出资设立的，并按经济区域设立分支机构。再保险机构的资金来源有以下几种。第一，政府财政出资形成资本金；第二，农业保险人缴纳的保费收入；第三，农业巨灾风险基金提供的一部分资金支持；第四，财政对再保险亏损提供的补贴。再保险机构可以为农业原保险提供再保险，也可以为农业商业保险提供再保险业务。农业再保险总公司是不以营利为目的的机构，它拟定基本保险条款，并对各分支机构的业务进行领导管理，其结转盈余不上交。中央财政承担该机构的全部业务费用和经营亏损，该机构无须上缴一切税费。

按照国际通行做法，我国的农业再保险人与原保险人可以确定多种再保险方式。第一，采用比例再保险。这种方式是以保险金额为基础，明确原保险人与再保险人需要承担的风险和责任，按照约定的分成比例，原保险人的责任按照一定额度分给再保险人，或者将超出原保险人自留额外的部分分给再保险人来承担，按照原保险人的自留额和再保险人的责任额的比例，确定如何进行保费和赔款的分摊。第二，采用非比例再保险。这种方式是以损失为基础来明确再保险当事人双方的责任。当原农业保险公司的赔款超过一定标准或额度时，其超出部分由再保险公司负责。一般情况下，原保险人采取这种责任分出方式，是对某一危险单位损失确定一个自赔额，超过自赔额到一定限度的部分由再保险人负责赔偿（称为超额再保险）；或者确定一个约定年度，在约定时间内赔付率超过一定标准时，再保险人对超出确定赔付率的部分进行赔偿（称为赔付率超赔再保险）。可以看出，农业再保险对于调节农业保险市场失灵有很重要的作用。

2. 农业保险商业化经营中各级政府的诱导性作用和责任划分

政府诱导下的农业保险运营模式主张优先发挥市场机制的作用，通过调动市场各方力量的积极性实现农业保险的经营和发展，以此为基础实行政府诱导机制。政府诱导型运营模式下，政府不需要设立众多分支机构直接参与农业保险的经营，这就可以帮政府节约一部分成本，可以避免农业保险的低效运作，以及公共财政资源的浪费。政府需要充分发挥其诱导功能，为农业保险机构创造良好的运营环境和更大的盈利空间，以此激励农业保险机构开展农业保险业务。在这种模式下，政府可以采取以下诱导性政策：减免涉农保险的税费；对投保农业经营者提供保费补贴；为农业保险机构提供一定经营补贴；对农业保险机构提供再保险服务；允许农业保险机构经营"大农险"，以此实现"以险养险"以及其他相关的法律制度供给。这就要求中央政府和地方政府要明确划分它们之间的权利和责任。

对于粮、棉、油等大宗农产品，尤其是那些主要粮食作物，因为农业保险的正外部性惠及全国和全社会，所以中央政府应该在其中承担更多的诱导性责任。例如，在进行农业保险的试点期间，可以为农业生产者提供一定保费补贴，中央政府对农业保险公司实行所得税减免政策，地方政府对农业保险公司实行营业税减免。对于农业保险的正外部性主要是惠及本行政辖区，地方政府就应当发挥更多的诱导作用，地方政府应该为农业生产者投保保费以及农业保险公司的经营费用提供一定比例的财政补贴，具体补偿比例应该按照地方财政的情况来确定。

中央政府应该会同全国人大制定《农业保险法》及其相关法规细则，依照法律程序完善各级政府的诱导责任；应该在我国相关法律中明确农业保险的性质、组织形式、保险范围、财政补贴及再保险的方式等，通过立法推进我国农业保险运行的规范化。首先，要对我国农业保险的类型和属性进行明确，明确农业保险的实施范围以及税费减免方式，农业保险投保实行强制性和自愿性有机结合的方式，对于农业巨灾风险强制投保，对于一般农业保险等保险实行自愿投保；其次，对各级政府在农业保险中发挥的作用以及应该承担的责任和拥有的权利进行明确，中央政府和地方政府相互配合，利用多重诱导激励机制实现农业保险的发展，使各种农业保险试点模式有进一步发展的空间。

3. 农业保险组织形式多样化：基于我国既有试点模式的总结推广

我国的经济发展具有区域化和差异化的特征，农业风险也具有区域化和差异化的特征，在这样的背景下，就要求在不同地区实行不同的农业保险经营模式。我国目前在试点中的农业保险经营模式就是根据不同地区的具体情况而制定推行的。这些模式的组织形式不同，实际上只是地方政府诱导程度的差异，对于缺乏在中央政府的政策诱导下优先发挥市场机制的作用，实现对农业原保险的市场化运作这一点则是共同的。可以看出，不论采取哪种模式，没有中央政府发挥其实质性的激励诱导作用，这些试点模式都不能实现完全的有效运行，尤其是对于农业巨灾风险保险，而对于广大农业生产者来说，这类保险是他们最需要的保险。相较于其他试点模式，"上海安信模式"因为有实力雄厚的地方政府的支持，其受到中央政府政策诱导缺失的影响较低，这种模式基本上可以有效运行，实现地方政府和市场化运作的协调发展。但对于大部分试点模式来说，名义上是开展农业保险，但实际上则是提供一般性的农村保险，而真正实现农业保险运行还需要中央政府出台相关的政策优惠。所以在进行农业保险模式的试点和改进时，需要加强中央政府以及地方政府的诱导机制，推进政府机制和市场机制的有机结合，切实保证农业保险激励机制的有效实施。可以按照以下方式进行具体分析。

第一，对于经济发展水平高、农业比重小的沿海地区，例如上海、天津等地区，应该推广"上海安信模式"，这是指建立由中央政府发挥诱导作用，地方政府进行主导的农业保险商业化经营模式。在这些地区，中央政府可以发挥其制度和政策诱导作用，地方政府实施税收减免和财政补贴的实质性支持。

第二，对于经济发展水平较高、农业比重大的沿海农业大省，如浙江、江苏、广东等地区，可以推行"共保体"模式和相互制保险模式，这类模式适合这些具有互助合作精神的地区。

第三，对于粮食主产地区，如黑龙江、吉林等地区，还有一些粮食产量较大的中部省区，如湖北、湖南等地区，这些地区的农业规模大、生产力水平高，所以可以推广"安华"模式和阳光"互助制"模式，充分发挥政府的诱导作用。阳光互助制模式是一种具有很强生命力的模式，这是农民自己的组织。在该模式下，农民同时是投保人和保险人，农民对其信任程度高，充分发挥互助合作模式的优势，进行小范围的农业风险业务。

第四，对于经济发展水平低的西部丘陵山区，发展农业保险面临较多困难，如果没有政府进行大量资助和补贴，这些地区推进农业保险十分困难。因为这些地区的农业规模小、结构单一，农业的产业化和组织化程度也很低，农业生产者获得的收入低，农村经济基础薄弱，发生农业风险会造成十分严重的损失，并且这些地区的地方政府财政薄弱，并不能提供丰厚的资金用于发展农业保险。在这些地区推行政府诱导型模式需要注意以下问题。首先，农业保险范围选择。就当前情况来看，我国西部落后丘陵山区并不适宜大范围地进行农业保险的推广，应该通过一些措施鼓励商业性保险机构针对一些低风险的农业项目进行保险，中央政府和地方政府应该对农业保险机构实行税收减免政策。其次，加大诱导力度。政府应该给予农业生产者更多的保费补贴，并为农业商业保险机构提供一定业务费用和损失补贴，通过这些措施促进这些地区的农业保险的发展。对于这些地区，可以尝试建立互助制的保险组织形式，保险机构可以实行"以险养险"模式，政府应该为农业保险机构创造良好的制度环境，吸引保险机构开展业务，或者可以通过引进外资保险机构，提高我国商业保险机构对农业保险的经营水平，以此推进农业保险发展。

总之，根据我国目前基本情况，我国农业保险应该向经营主体组织形式多元化的方向发展，建立相应的农业保险经营体系，主要形式包括商业保险公司代办、专业性农业保险公司、农业相互保险公司等。在当前的试点模式基础上进行经验总结，进行模式改善和推广，促进农业保险的健康发展。

（四）政府主导型农业保险运营模式

因为农业风险发生概率较高，具有很高的集中性，导致农业生产成为风险最为集中的行业。为了维护农业生产者的利益和农业保险机构运行的稳定，政府需要建立有效的机制对农业风险进行分摊，因此形成了巨灾风险基金和农业灾害救济基金。这类基金是通过积累形成的针对特大灾害的专项资金，这些资金可以在发生巨大灾害时进行大额保险赔付。与再保险机制一样，它们的作用都是对农业风险在全社会范围内进行分摊，由全体纳税人承担起风险损失。在世界范围内，我国属于自然灾害最严重的国家之一，特大农业灾害时有发生，这些灾害对我国造成了巨大损害。为了在有效的在时间和空间在全社会进行风险分摊，减轻农业保险机构面对巨大灾害的压力，需要建立国家和地方的农业巨灾风险基金。对于一些跨地区的或者是粮食重要产地的巨大灾害，国家农业风险基金应该提供救济基金帮助缓解压力、降低损失；对于发生在一个省区内的农业灾害，可以由地方农业巨灾风险基金提供救济资金进行补偿。

第五章
农业经营方式转变与农业经济增长研究

第一节　农村家庭经营与农业经济增长

农村家庭经营是指以农民家庭为单位开展的自负盈亏的农业生产经营活动。实践证明，农村家庭承包是适应生产力要求和农民愿望的经营模式。

一、农村家庭经营体制的产生

通过实践看出，我国农业从合作化到集体化的演变，并不符合社会经济的发展规律，不适应农业生产力的性质。实行人民公社制度，开展农业集体大生产，农民不能进行自主经营，市场不能对农业资源进行配置，导致农业生产力发展受到阻碍，农业生产无法满足经济发展的要求，甚至连农民的生存也成了问题。在 20 世纪 80 年代初，我国大约有 2.5 亿农民处于绝对贫困状态，除此以外的绝大部分农民也生活得比较艰难[①]。在这种状态下，为了给农民提供生存保障，为了推动社会经济的发展，就必须对农业组织制度进行改革。

（一）家庭承包经营的萌发阶段

家庭承包经营的萌发阶段为 1978 年秋到 1980 年 9 月。1978 年冬，安徽省的一些地区恢复了农业包产到组、包产到户责任制，由此中国开始了农业经济体制的改革。十一届三中全会和十一届四中全会针对我国农业生产责任制展开了辩论，有支持也有反对，但是在理论和政策都不明确的情况下，农业生产责任制还在持续推进中。据相关数据统计，1980 年 3 月，在全国范围内实行包干责任制的生产队规模已经达到了全国生产队总数的 55.7%，包产到组的占 28%[②]。并且从地方试验发展到了全国范围。

---

① 陈宗胜，沈扬扬，周云波. 中国农村贫困状况的绝对与相对变动——兼论相对贫困线的设定 [J]. 管理世界，2013（1）.

② 魏濛. 试论中国改革开放 30 年来农村经济的发展 [J]. 商情，2015（24）.

（二）家庭承包经营的全面发展阶段

家庭承包经营的全面发展阶段为 1980 年 9 月至 1981 年底。1980 年 9 月，中共中央发布《关于进一步加强农业生产责任制的几个问题》。该文件指出，在推进农业生产责任制时应该保证广大农民的意愿得到满足，在那些偏远山区以及贫困落后地区，对于要求包产到户的，应该积极满足群众的要求，可以实行包产到组，也可以实行包产到户；在一般地区，对于已经实行包产到户的，如果群众并没有对该制度提出要求，应该继续实行。该文件正式对包产到户进行了正名。在全国范围内，各种联产责任制也在快速发展。到 1981 年 10 月，全国建立各种责任制的农村基本核算单位已占 97.7%[①]。

（三）家庭承包经营的确立阶段

家庭承包经营的确立阶段为 1982 年春到 1984 年初。1982 年 1 月，中共中央发布了《全国农业工作会议纪要》。文件中提出，全国单位内实行的各种农业责任制均属于社会主义集体经济的生产责任制，其中包括包产到户、包干到户。包产到户、包干到户在政策上得到了肯定，开始了新一轮的迅猛发展。1983 年 1 月，中共中央发布《当前农村经济政策的若干问题》，在文件中对包产到户责任制进行了进一步肯定，同时宣布要对人民公社体制开展改革。1983 年 10 月，中共中央和国务院发布了《关于实行政社分开建立乡政府的通知》。1983 年底，我国在全国范围内实行联产承包的生产队的规模占整体的 99.5%[②]。1984 年，中共中央发布《中共中央关于 1984 年农村工作的通知》，文件中对土地承包期进行了规定，最短为 15 年，对于生产周期长的项目还可以将承包期进行合理的延长，这就使农民吃下了定心丸。1984 年底，家庭承包经营已经在全国范围内展开，这种制度下的农业生产也得到了巨大的增长。

1992 年，党的十四大明确提出了建立社会主义市场经济体制的改革目标。1993 年，全国人大常委会制定了《农业法》，并对《宪法》进行了修订，在法律上肯定并保护家庭联产承包经营体制。1999 年底，土地承包期修改为 30 年。2002 年，全国人大常委会通过了《农村土地承包法》，该法案对农村土地承包中出现的一系列问题进行了具体的法律规定。

二、中国农村家庭经营的特点

就我国农业发展的阶段来说，农村家庭经营是我国发展社会主义农业的过程中形成的一种创新的组织制度。这种经营形式属于家庭经营，所以其具有家庭经营的共性。但同时

---

① 唐茂华，陈丹．中国农村土地制度变迁的政策过程及现实困境 [J]．学术探索，2011（1）．
② 徐勇．中国农村研究 [M]．北京：中国社会科学出版社，2005：10-15.

它又不是一种普通的家庭经营，而是带有中国特色的家庭经营。中国农村家庭经营的主要特点有以下几方面。

（一）家庭经营不同于合作化前的农户个体经营

土地是农业生产经营中最重要的生产资料，在我国土地资源属于集体，所以我国农户进行家庭经营只是对土地承包，享有承包土地的经营权以及其他派生权利。在土地承包期内，承包农户可以进行自负盈亏的自主经营，根据市场需求自行进行经营决策。农户承包的土地可以自己经营，也可以通过转包、出租、转让和股份合作等方式将其土地使用权进行转让，但土地不能抛荒或掠夺式使用，也不可以将土地进行非农产业。一般情况下，除了土地以外的生产资料都是农民自己所有、自行使用的。

（二）家庭经营是"双层经营"中的一个经营层次

"双层经营"实际上是指将集体统一经营和农村家庭经营进行结合，也就是一种统一经营和分散经营的有机结合。就我国当前的农业经营体制来说，集体经济组织拥有统一经营的职能。统一经营的基本职能包括以下三方面。

第一，所有者职能。这是指将集体所有的土地等生产资料按照公平公正的原则分包给集体组织成员，并对承包者的生产资料使用情况进行监督和管理。

第二，服务职能。这是指为承包农户提供相应的服务，帮他们解决生产经营过程中遇到的问题，为承包农户可以顺利地开展农业生产经营活动提供保证。

第三，资产经营和管理职能。这是将不宜分包到户的集体资产通过租赁的方式承包给其他农户或企业，或者通过股份制、股份合作制等形式对集体资产进行处理，实现这部分资产的保值增值，从而实现集体积累的增加，从而提高其对承包农户的服务能力。

（三）家庭经营所得与农业经营成果紧密结合

按照法理，农户家庭经营所得应该按照以下顺序进行分配。首先，按照相关法律规定缴纳税金；随后，根据承包合同的规定向集体缴纳土地承包金；最后，剩余部分为农户个人所有。需要缴纳的税金以及土地承包金都是固定金额，所以承包农户的收入与家庭经营所得有直接关系，这明显不同于人民公社制下的集体经营，这种经营制度可以激发农户的积极性，为了实现个人收入的增长而更积极地进行生产经营活动。并且我国于2006年已经取消了农业税，土地承包金也随之取消，这样进一步调动了农户的生产经营积极性。需要注意的是，农户家庭经营的成果不仅和其投入的劳动数量和质量有关，同样还会受到农户自身拥有的生产资料数量和质量的影响，所以农户所得并不是完全的"按劳分配"。

总之，我国农村家庭承包经营制，是对家庭承包经营和集体统一经营的有机结合，为推进我国农业的社会主义发展发挥了积极作用，解决了农业发展道路上的难题。

三、家庭经营存在的问题

农村家庭经营已经成为我国农业的基本组织形式，但随着农业的发展，农业市场化、国际化和现代化的推进，我国农村家庭经营制度出现了一些问题。

（一）经营规模小

我国人口规模大，人均土地拥有面积小，农村的社会保障体系也并不完善，所以在进行土地分包时都会遵循"公平优先、兼顾效率"的原则，并实行"耕者有其田"的政策，也就是将土地按照劳动力或者人劳比例进行平均分配，这就导致平均分配到的每个农户拥有的土地面积很小。

因为农户经营规模过小就导致了一系列问题。第一，农户的家庭劳动力资源无法得到充分利用，产生了资源浪费的现象，同时高素质劳动力多数不从事农业产业，使农业劳动力逐渐出现老龄化和妇女化的发展倾向；第二，农户经营的农业所得少，从事农业生产经营的农户生活水平低，导致他们没有提升农业技术水平的动力，也不具备相应的能力；第三，农户难以采用现代物质技术装备，进行农业技术推广相关部门的工作难以推进。这些问题导致我国农业生产力发展受到限制，农产品缺乏国际竞争力。

（二）农民组织化程度低

虽然农民已经确定了其在农业市场中的主体地位，但是随着市场化的推进，农户进入市场面临一系列问题。

第一，在农业市场交易中，农民处于弱势地位。农户的农业生产经营规模小，并且分布得较为分散，不能充分、及时、准确地获得和掌握需要的市场信息。和农业产前、产后部门掌握的市场信息相比，在信息的数量和质量上存在着严重的信息不对称现象，所以在市场交易中农户往往承担了大部分市场风险，其自身利益无法得到保证。

第二，农户的交易成本高。集体经济组织并没有充分发挥作用帮助农户和市场进行联结，而专业性合作经济组织也没有得到完全普及，有很大一部分农户是直接进入市场的，因为他们的交易频率高，且交易数量小，导致他们在交易中产生了很高的交易成本。对于农户来说，这种交易成本对他们造成了直接的经济负担，对社会来说这也是一种巨大的资源浪费。

需要注意的是，以上问题并不是家庭经营制度一定存在的缺陷，而是就我国农村家庭承包经营发展情况来说，这种家庭经营制度并没有完全适应当前的经济和社会发展形势，需要进一步改革和完善，从而更好地发挥作用。

四、家庭经营的完善与发展

（一）鼓励土地流转推进农业规模经营

我国《农业法》《农村土地承包法》等法律已明确规定要长期实行家庭经营制度，同时在保证严格遵守相关法律规定，遵循自愿、有偿的原则，不对所有制和土地用途进行改变的前提下，鼓励和支持农民流转土地经营权，按照相关规定可以通过转包、转让、出租、互换和股份合作等方式实现土地流转，可以促进农业多形式规模经营的发展。据相关统计数据表明，我国很多地区已经具备了农业规模经营的条件。各地政府可以根据实际情况制定相关政策，同时为本地农户提供相应的服务，以此促进土地经营权流转，从而实现对农业规模经营的推进。

（二）提高家庭经营的组织化程度

随着农业现代化、市场化发展的推进，农民越来越多地参与到市场中，并且程度也逐步提高。按照新制度经济学的观点，当市场经济发展到一定程度，市场交易就不再具有完全维持市场主体之间关系的作用，这时需要一定非市场组织参与其中对市场主体的关系进行调节。为了解决农业家庭经营中存在的分散性和不经济性问题，应该加强对农民专业合作经济组织、农业产业化经营组织等组织形式的发展，通过这些组织帮助提高农户的组织化程度，促进家庭经营制度可以更好地适应于农业生产力，更好地适应全球经济一体化的形势。

（三）完善农业社会化服务体系

农业社会化服务体系是为农业生产提供社会化服务的组织机构和制度的总称。社会化服务体系可以为农户提供服务，帮助他们解决在农业生产经营中遇到的各种问题，例如在生产前进行的生产资料采购、生产过程中涉及的新技术使用以及农业机械化操作、生产后进行的加工运输销售，以及在农户进行农业经营时的决策咨询、法律服务、资金融通、保险服务等。由此可见，在社会化大生产的环境下，农业社会化服务体系对农业家庭经营的发展有十分重要的作用。农业社会化服务体系包含的内容很多，涵盖的范围很广，其中包括农民技术经济协会、农民专业合作社、政府农技推广机构、金融保险机构等；按照举办者的性质来分类，一部分组织是由政府公办的，还有一部分是农民合作或是企业举办的。我国目前的农业社会化服务体系还有待改进和完善，以便更适应家庭经营体制下的现代化和市场化的农业发展要求。所以应该加大力度建设农业社会化服务体系，推动各类农业社会化服务组织加速发展，可以为广大农民提供农业生产经营中可能需要的服务，从而推动我国农业的发展。

第二节　农业合作社与农业经济增长

农业合作经济是指遵循自愿原则组织起来的，实行民主管理、共负盈亏的一种农业经济形式。其中，农村合作社是农业合作经济的主要组织形式，本章就农村合作社为重点进行介绍和分析。

一、农村合作社的原则与特点

（一）农村合作社的原则

1. 国际合作社联盟的合作社原则

合作社拥有长达 150 年的发展历史。在不同的国家，合作社产生和发展的背景各不相同，在不同的环境下所产生的类型也有所区别，他们遵循的原则也有差别，但是各国合作社都是市场经济的产物，所以其发展具有一定共性。1995 年，国际合作社联盟在曼彻斯特大会上确定了合作社的七项原则。

（1）自愿与开放的原则

合作社遵循自愿原则，可以利用合作社提供的服务，并自愿承担相应责任的个体都可以加入合作社，合作社不会对成员的性别、种族、政治、宗教等设置限制。

（2）社员民主管理

社员对合作社进行民主管理，社员参与和决定合作社的方针，对于重大事项的决定也是由社员民主决定的；通过民主选举产生的合作社代表，要承担相应的责任；基层合作社的社员享有平等的选举权，其他层次的合作社也要在管理中体现其民主性。

（3）社员经济参与

社员应该公平入股合作社的资金，同时要对这些资金进行民主管理。社员入股是成为合作社成员的条件，进行分红时会受到限制。合作社盈余应该按照以下方式进行分配：首先，应该用于不可分割的公积金，以此保证合作社的进一步发展；其次，依据社员与合作社之间的交易量按照比例分红；最后，将剩余部分用于社员（代表）大会通过的其他活动。

（4）自主和自立

合作社是社员进行民主管理的自主、自助的组织，如果合作社想要和其他组织进行合作、达成某种协议，或者是通过其他渠道募集资金时，必须保证合作社的民主属性，确保民主管理的地位，保证合作社自身的自主自立性。

（5）教育、培训与信息

合作社应该对合作社的内部成员进行教育和培训，包括普通社员、社员代表、雇佣职员、管理者，以此提高合作社成员的整体水平，推动合作社可以进一步发展。同时合作社应该开展宣传活动，尤其是针对青年人和社会名流，通过宣传自己的基本情况和具有的优势吸引他们的眼球。

（6）合作社间的合作

合作社之间也应该建立起合作关系，可以进行地方的、全国的、区域的和全球的合作，通过合作的方式为社员提供范围更广、效果更佳的服务，同时可以促进合作社自身的发展。

（7）关注社会

首先合作社应该保证满足社员的需求，在此基础上有责任对其所在地区的经济、社会、教育、文化、环境等方面的可持续发展进行保护并进行推动。

2. 中国农民专业合作社原则

第一，成员以农民为主体。具有民事行为能力的公民，以及从事与农民专业合作社业务直接有关的生产经营活动的企业、事业单位或社会团体，可以利用农民专业合作社提供的服务，自愿承认并遵守农民专业合作社章程，履行章程规定的入社手续的，可以成为农民专业合作社的成员。其中，农民专业合作社中，农民的成员比例要达到总体人数的80%。

第二，农民专业合作社的宗旨是为社员提供服务，以合作社全体成员的共同利益为服务目标。

第三，加入或退出合作社都要遵循自愿原则，不可以采取强迫手段。

第四，保证成员拥有平等地位，对合作社进行民主管理。农民专业合作社成员大会的选举和表决要保证民主性，实行一人一票制，保证每位社员都拥有一票基本表决权。按照章程规定，出资多或是与合作社交易量大的成员，可以享有相应的附加表决权。附加表决权总票数不可以超过基本表决权总票数的20%。农民专业合作社成员大会是合作社的权力机构，由合作社全体成员组成。召开农民专业合作社成员大会，保证出席会议的人数不得少于成员总数的三分之二。通过成员大会进行选举或是对合作社相关事宜做出决议，要有半数以上的成员表决权表示通过；关于章程修改或者合作社合并、分立、解散的决议，要有三分之二以上的成员表决权表示通过。

第五，合作社盈余主要根据成员与合作社的交易量（额）比例进行返还。按照章程中的规定，或者通过成员大会决议，农民专业合作社可以从当年盈余中提取公积金，用于弥补合作社的亏损、扩大生产经营、转化为对成员的出资。农民专业合作社的可分配盈余按照规定的比例返还或是分配给合作社成员：将成员与合作社的交易量（额）比例作为依据进行资金返还，返还总额不可以低于可分配盈余的60%；如果进行上一项返还后合作社还有剩余的盈余，则将成员账户中记载的出资额和公积金份额作为依据，按一定比例将剩余部分分配给成员。

（二）农业合作社的特点

1. 组织的开放性，即自愿组合与自主分离相结合

农业合作社是一个遵循自愿原则的组织。农民根据自己的意愿决定是否入社，外界不对其决定造成干扰。合作社的联合各方的关系建立在相互信任的基础上，并且需求基本一致。并且联合并不会对分离具有排他性。合作社成员在合作的过程中，可以进行重新选择，成员可以选择离开合作社，也可以在加入原合作社的同时加入其他合作社。也就是说，农业合作社采取自愿组合与自主分离相结合的机制。在这种机制下，会加速新的合作社的形成，同时也会加速旧合作社的进一步发展或者是瓦解，以此推动整体经济的发展。

2. 管理的民主性，即民主与集中相结合

农业合作社是以民主管理为基础的。合作社成员通过民主的方式决定合作社的方针和重大事项决议。社员大会选举和表决采取一人一票制。与股份制企业按股表决的制度不同，合作社反映了管理的民主性。

3. 经营目标的双重性，即服务性与营利性的相统一

农业合作社要满足社员提出的要求，同时还要最大限度地追求经济利润。农业合作社建立的基本目的就是帮助农民解决他们在进行家庭生产经营中遇到的问题和困难，所以合作社首先要保证为社员服务，满足社员提出的需求。合作社和社员之间的经济往来并不以营利为目的，主要是为了解决社员遇到的问题，合作社往往会向社员提供低偿甚至无偿的服务，尽量做到经营成本最小化。但是合作社与社员以外的个体或组织进行经济往来时，会将经济利润最大化作为其目标。因为合作社需要通过与外界的合作保证其生存和发展，从而才能为社员提供更好的服务。所以说合作社的经营目标具有双重性，既要保证为社员提供服务，又要实现对外经济合作的利润最大化。

4. 经营结构的双层性，即统一经营与分散经营相结合

农业合作社并没有否定家庭经营这种形式，而是在家庭经营的基础上建立的，为家庭经营提供相应服务的形式。从农业生产经营的整体过程来看，生产经营中的某些环节是由合作社代替了家庭经营完成的，但是除了这些环节外的生产经营环节依旧是通过农户家庭自行实现的。一般情况下，合作社会对那些适用于合作经营的生产、加工、储藏、营销和服务项目进行统一经营；对于一些生产要素的使用以及某些生产环节的协调进行统一安排。除了这些合作性项目，农户依旧进行独立的家庭经营。也就是说，合作社具有双层性的经营结构，实现了统一经营和分散经营的有机结合。

5. 在土地流转中，农业合作社优势充分发挥

农业土地流转已经成为农村土地经营发展的一个趋势。在不少农村地区，土地流转方式正在从过去的分散经营向统一经营发展，农村土地又重新回到了农业合作社手中。而这正好发挥农业合作社的经营优势。农业合作社可以利用经济和技术上的优势聘请专业的人才对农村土地进行现代化管理。对于普通农民来说，以土地为资源"入股"，每一年还能得到一定的分红。而他们则可以从土地中解放出来，利用其他方式增加自己的收入。

二、中国农村合作社的发展

（一）农村合作社在国外的发展趋势

1. 政府对农业合作社的支持保护力度不断加强

农业合作社是农业部门的一个重要组织，它是农户和政府之间纽带，实现了二者之间的沟通交流。通过合作社，一方面政府可以向农户推行农业指导方案，为农户提供财政、税收等方面的优惠；另一方面农户可以提升其在经济社会中的地位，可以促进农村的发展、推动农业的进步。正因为农村合作社具有的这些作用，所以世界各国的政府都十分重视农村合作社，并采取相应的手段和措施推动合作社的发展。政府会制定专门的法律为合作社提供保护，同时还会采取税收减免、财政补贴等政策支持合作社的发展。尤其是在WTO 成立以后，农产品贸易的自由化程度进一步加强，一些传统的农业保护政策受到了限制。所以各国政府希望通过推进农业组织化和规模化的方式，提高本国农产品在国际市场上的竞争力，也就因此导致世界各国为农村合作社提供了很多优惠政策。

2. 农村合作社的运行越来越注重效率的提高

随着市场经济的不断发展，经济全球化、一体化的程度的加深，农村合作社所面临的市场竞争也有所加强，并且愈加激烈。为了提高自身的效率，加强自身市场竞争力，合作社与社员之间的交易的市场化趋势越来越明显。合作社在与社员进行交易时，会设定愈加严格的交易条件，对产品以及交易责任进行规定，以此保证从社员处交易的产品符合加工和销售的要求。合作社为了可以充分利用其资源以及设施，利用规模经营的方式降低生产成本，在社员交易的产品并不能满足需要时，会与社员外的个体或企业进行交易。竞争机制以及社员外的个体和企业的介入，提高了合作社的效率以及竞争力。

3. 农村合作社向横向联合与纵向一体化发展

农村合作社的发展初期，农民共同的利益需求促成了农民和合作社之间的合作，二者之间对产品生产和服务的共同需求成了合作社的建立基础，因此建立农业专业合作社成为比较普遍的现象。专业合作社具有较强的地缘性，这是指合作社的成员来源主要是本村以

及附近的农村居民，有限的人员数量导致其生产的农产品数量也不多，在这样的条件下很难实现农业的规模化经营，并不具备市场竞争力。来自竞争的压力使得基层专业合作社不得不进行合并或是联合，以此对业务进行一定的集中，精简其人员和机构，并扩大其资本规模，更新相应的技术设备。在发达国家，农业合作社出现了明显的横向一体化趋势，这就导致很多规模很大的合作组织陆续出现，这种合作组织有区域性的，也有全国性的，农业合作社可以采取合作制或者股份制进行联合合作。除了横向一体化外，农业合作社的发展也呈现出纵向一体化的趋势，这是指合作社的合作内容不再仅限于农产品的销售，而是开始涉及农业技术服务、农产品储藏加工以及农产品国际贸易等领域，这种纵向发展会直接增强合作社的经济能力。

4. 农村合作社的管理向专业化与现代化转变

在合作社刚开始发展时，一般都是由社员对合作社进行管理，但是随着合作社的不断发展，经营规模的不断扩大，依靠社员对合作社进行管理就会出现很多困难，所以在发展到一定规模后，合作社都会选择聘任外部企业家对其进行科学管理。通过这种方式，实现了所有者和经营者的角色分离，社员可以专心开展自己的生产经营活动，聘请的管理者会对合作社进行经营管理，这种方式可以有效提高合作社的效率。

（二）中国农业合作的类型

1. 根据合作的领域进行划分

（1）生产合作

生产合作包括农业生产全过程的合作、农业生产过程某些环节的合作、农产品加工的合作等。20世纪50年代，在我国农业合作化运动中建立的合作社就属于这种类型，这种合作社不同于农民专业合作社。

（2）流通合作

流通合作是指在农业生产资料的供应、农产品的运输、农产品的销售等方面的合作。供销合作社就属于流通合作社，早在1950年我国就形成了全国范围的供销社组织系统。1982年，我国开始对供销合作社进行体制改革，经过实践后并没有实现供销社的合作商业性质。随着发展，供销社逐渐向股份化、商业化的方向转化。

（3）信用合作

农民在其生产经营活动中出现了资金需要的问题，为了解决这一问题便形成了信用合作。20世纪50年代，我国就已经建立起农村信用社。改革开放以来，大多数农村信用社通过改造成功转型，成了农村股份制商业银行以及股份合作制商业银行。在20世纪80年代中期，一些地区还成立了农村合作基金会，其作用是对集体资金进行统一管理。但是当时的农村合作基金会并没有实行标准化的运行规范，在运行中出现了很多问题。1999年1月，国务院发文宣布农村合作基金会关闭。但是在农民开展农业生产经营活动时的确存在金融供给不足的情况，为解决这一问题，银监会于 2006 年 12 月发布了《关于调整放宽农村地区银行业金融机构准入政策更好地支持社会主义新农村建设的若干意见》。此后便成立了新型农村金融机构为农民提供金融服务，包括村镇银行、贷款公司和农村资金互助社。

2. 根据合作组织的成员来源进行划分

（1）社区性合作

以农村社区为单元的合作是社区性合作，我国的村经济联合社属于这种合作类型。村经济联合社是按照行政村的范围进行设置的，一般不具备雄厚的经济实力，所以其职能一般都会被村委会取代。实际上，村级集体经济组织就是社区性合作经济组织。

（2）专业性合作

具有相同生产经营方向的农户进行合作联合形成的专业合作社就是专业性合作，这种合作主要是为了解决农民在其生产经营过程中遇到的技术问题，或者是生产资料的供应、产品的销售方面的问题。专业合作社是一种基本符合生产力性质的新型合作经济组织。一般情况下，专业合作社为跨地区的经济组织，并且一个农户可以同时参加多个专业合作社。

3. 根据合作组织的产权结构进行划分

（1）传统合作

传统合作是指遵循传统的合作制原则建立起的合作。这种合作形式的主要特征为：合作社采取"一人一票"的民主管理方式；根据社员和合作社的交易量进行合作社的盈余分配。

（2）股份合作

农民以土地、劳动、资金等生产要素入股的形式组建起来的股份合作经济组织就属于股份合作的形式。股份合作将劳动联合以及物质要素联合进行有机结合，按照股份制和合作制相结合的机制对合作社进行管理，将社员的股份以及交易量作为依据进行盈余资金的分配。这种经济组织也是改革开放以后逐渐形成并发展的一种新型合作经济组织。

（三）农民专业合作社的确立

农户家庭经营体制得到了大范围推行，人民公社制度随之瓦解，农户分散经营和经济组织统一经营形成的"双层经营"体制成为全新经营制度。在人民公社体制下形成的社队集体资产，一部分通过划分和变卖的形式分配给了进行家庭经营的农户，另一部分成为村、乡集体经济组织的共同资产。但是很多村集体经济组织出现了资产流失的现象，这就导致"双层经营"中的集体统一经营并没有充分发挥作用。随着农业的市场化、现代化程度越来越高，农户在其生产经营中十分需要进行合作和联合，这就促使农民开始自发地建立各种农村合作社以满足他们的联合需求。但是在这些合作社组建的初期，并没有相关法律对其进行规定，这就导致农村合作社的发展处于一种相对混乱的状态中。

2006年10月31日，十届全国人大常委会第二十四次会议通过了《中华人民共和国农民专业合作社法》，该文件的颁布是为了引导农民专业合作社可以合理有序地进行发展，通过法律对农民专业合作社的组织和行为进行规范，并且为农民专业合作社及其成员的合法权益提供法律保障，以此进一步推进我国农业和农村的发展。《农民专业合作社法》中对农民专业合作社的性质进行了明确，规定了其应该遵循的原则，并就农民专业合作社的设立登记、成员资格、组织机构、财务管理、法律责任、扶持政策等方面做出了较为详尽和具体的规定，该法规为我国农民专业合作社的发展提供了法律保障。

（四）农民专业合作社的发展

1. 认真贯彻落实《农民专业合作社法》及其配套法规政策

首先，应该在大范围内对《农民专业合作社法》进行宣传，通过宣传的方式让政府相关部门、农民、涉农企业可以充分了解法律中的具体规定。其次，认真落实《农民专业合作社登记管理条例》，各级主管部门要积极配合相关工作的展开，为农民专业合作社的登记提供便利。最后，认真执行《关于农民专业合作社有关税收政策的通知》，对文件中提到的税收优惠政策切实落实。

2. 支持和帮助农民专业合作社的发展

首先，应该加大力度通过财政对农民专业合作社进行激励和扶持。除了税收优惠政策外，还应该开展其他形式的支持促进农民专业合作社的发展。其次，满足农民专业合作的必要需求，为其提供相应服务。例如，可以为农民专业合作社提供相关的教育和技能培训，帮助社员提高其能力和素质，以此推进农民专业合作社的发展。

3. 合作社要完善内部管理制度，规范合作社的运作

首先，应该对合作社的民主管理机制进行完善。按照《农民专业合作社法》中的相关要求以及合作社的章程，保证社员享有决策权，可以充分参与合作社的管理。其次，对合作社的利益分配机制进行完善。根据《农民专业合作社法》中的要求对合作社的利润分配机制进行完善，确保社员可以通过合作切实获得利益，也要使社员承担相应的责任和风险，建立科学合理的利益机制。

4. 合作社要拓展服务功能，提升服务能力

合作社可以充分发挥合作优势、降低交易成本、优化要素组合等，所以农民愿意加入合作社。合作社进行发展就应该在保证其服务能力和功能的基础上进行提升，通过拓展服务功能、提升服务能力的方式进一步激发合作社具有的合作优势，为农民提供更好的服务。只有保证合作社的功能和能力，才能保证其具有生命力。

第三节　农业产业化经营与农业经济增长

农业经济产业化经营是以市场为向导，由龙头企业引导和组织分散经营的农户进行规模化经营的经营方式。这种经营方式可以更好地适应当前农业市场化、现代化、国际化的要求，推动农业和农村经济进一步发展。

一、农业产业化经营的特点和作用

（一）农业产业化经营的特点

在我国的农户家庭经营体制确立后，随着市场经济的发展，以及农业的市场化、国际化和现代化进程的推进，农业产业化经营这一新型农业经营形式就此形成。

1. 布局区域化

根据区域比较优势原则，明确区域主导产业，进行连片开发，建立高标准农产品生产基地，将原来的家庭式分散生产经营进行联合，形成农业的规模化经营，从而形成规模化的农业生产区域。

2. 生产专业化

将主导产业或产品作为中心，将农业生产的产前、产中、产后各环节进行有机结合，以此为基础建立专业化的生产体系，推进农产品生产的专业化进程，并将产品以品牌商品的形式投入市场。

3. 经营一体化

将主导产业或产品作为中心，将整个生产经营的过程进行农工商一体化处理。通过一体化形成一个较为完整的产品开发产业链，可以将农业生产资料的供应，农产品的加工、储存、运输、销售进行更为顺畅的链接，使这些环节成为共同体内部的经营内容。建立共同体，可以避免市场交易的不确定性，从而降低交易成本和交易风险，将外部经济进行内化处理，从而提高农业的组织效益。

4. 服务社会化

通过一体化组织，可以发挥龙头企业、合作社、服务组织的优势。这些组织可以为农户提供其生产经营中需要的生产资料、信息、技术、金融、销售等多方面的服务，帮助他们处理那些家庭经营模式难以解决的问题。

5. 管理企业化

可以建立"龙头企业+农户"等新型组织形式，通过合同契约制度、参股分红制度等方式进行利益联结，形成一个规模化的经济利益共同体。这类共同体和现代企业使用相同的运营模式，在这种模式下，农业生产实际上就是产业链中的一个环节，对其进行管理就是对产业链的一个环节进行科学管理。

（二）农业产业化经营的作用

1. 有利于解决农户小规模经营与大市场的矛盾

通过实行农户家庭经营体制调动了农民的生产经营积极性，但是这种生产经营模式使农户在进入市场时遇到了困难，形成了矛盾。分散经营的农户不能及时全面地掌握市场信息，也不具备对大量信息进行处理的能力，导致它们对动态市场难以准确把握，也无法准确、具有针对性地进行生产经营决策，并且家庭生产经营的规模比较小，在市场交易中并不具有谈判能力。龙头企业相较农户分散经营来说，可以更好更全面地把握市场信息，也更具市场优势。通过农业产业化经营，根据掌握的市场信息龙头企业可以做出科学合理的经营决策，以此对分散农户的产品生产做出合理的安排，这就实现了农户分散经营和农业市场的顺利对接。一方面，农业产业化经营可以让农民将精神放在农业生产层面，有利于农产品质量和产量的提高；另一方面，相较于农民自行进入市场，这种方式可以帮他们降低交易成本。

2. 有利于推进农业现代化

农户进行分散经营的生产规模小，并且也很难形成大量的资金积累，难以将先进的科学技术和农业设备投入到他们的生产中，这样的生产模式会阻碍农业现代化的推进。通过农业产业化经营，龙头企业实现了分散经营联合为规模经营，将分散经营的农户进行合理的组织和联合形成整体上的规模经营，从而形成区域生产的规模化。专业化和规模化的区域生产，为加强农业基础设施建设提供了条件，也促进了农业生产中先进科学技术和设备的投入，从而推动农业现代化的进程。在资金投入方面，一方面龙头企业可以通过直接投资的方式，加大力度建设农产品生产基地；另一方面，通过农业产业化经营可以提高农业效益，从而导致社会资本会在一定程度上流向农业，也就形成了农业方面资金投入的提高。

3. 有利于实现农业的标准化

农业标准化是指将农业当作对象推行的一系列标准化活动，也就是说，将农业的产前、产中和产后涉及的需要进行统一、协调的部分作为对象，按照一定标准对其制定统一标准，并对标准进行落实和监督的一系列活动。农业标准化可以实现对农产品生产经营活动进行规范，为农产品的安全和质量提供保障，同时可以提高农产品的市场竞争力，尤其是加强了农产品对国际技术性贸易壁垒的应对能力。农户家庭经营的分散经营模式对农业标准化造成了障碍。通过农业产业化经营，龙头企业可以组织分散经营形成规模化经营，对农户实行统一的供种、技术操作规程、产品质量标准等，促进农业生产的标准化。由此可以看出，农业产业化经营有利于农业标准化的发展。

4. 有利于提高农产品的国际市场竞争力

如今，农产品之间的竞争是一种综合性竞争，包括产品的质量、价格、品牌等都属于竞争的一部分。农户进行农业分散经营，产量小、质量不稳定、缺乏标准化规定、没有品牌，这导致分散经营的农户在市场上没有竞争优势。农业产业化经营将分散经营组织为规模经营，使农业生产更具组织性，这种生产模式有利于农业生产标准化的推进，从而为产品质量提供保障，并且还可以为创建品牌提供条件，帮助实现品牌营销，从而提高了产品在国内以及国际市场上的竞争力。

5. 有利于增加农民收入

农业产业化经营可以扩大农民的收入来源，从而提高农民的收入水平。农业产业化经营带来的新增收入主要包括以下几方面：第一，通过农业产业化经营，整个农业生产经营产业链得到了一定延长，从而提高了农产品的附加值，这种附加值的增加使农民可以获取相应的新增收益。第二，农业产业化促进了产业链的各环节更顺畅运行，从而提高了整条产业链的效率，也提高了农业生产的效益，增加了农民收入。第三，农产品的国内和国际市场竞争力得到了提高，促进了产品的销售，降低了产品的交易成本，从而使农民收入有所增加。第四，农业产业化经营扩大了农业生产经营范围，为农民提供了更多就业机会，从而实现了农民收入的增加。

6. 农业产业化经营是农业经营制度的创新

随着市场经济的发展，农业市场化、国际化、现代化进程的推进，农户对农业服务提出了新要求，社区性合作经济组织已经不能完全满足农户的期望了，在这样的背景下进行农业资源的优化组合，需要扩大范围、提高层次。而农业产业化经营打破了社区性合作经济存在的局限，帮助分散经营的农户在市场经济的背景下实现更有效的联合与合作，并且推动了农业市场化、规模化和现代化的发展。农业产业化经营对我国农业双层经营体制进行了补充和完善，是推动我国农业进步的一项重要经营制度创新。

二、农业产业化经营的发展对策

（一）选择合适的主导产业

主导产业通常是指在一个国家或地区的产业结构中所占比重较大，和其他产业的关联度相对比较高，并且可以带动国民经济或是区域经济发展的产业。农业主导企业就是指在农业条件下的主导企业，其在一个地区的农业产业结构中占较大比重，并且会推动该地区的区域农业和农村经济发展。想要开展农业产业化经营，首先就要确定实施地区的农业主导产业。对于主导产业的选择，应该注意以下两方面。第一，市场需求。因为产品生产的目的是产品销售，所以必须保证主导产业有很大的市场容量，或者是存在很大的市场潜力，为了确定产业的市场容量和市场潜力，就需要充分了解和掌握市场需求以及市场的发展趋势。第二，本地优势。因为农业产业化经营是在一定地区范围内开展的，所以应该充分发挥其地区优势，要全面了解和掌握本地的自然资源和社会经济资源状况，以此为基础确定优势产品，利用市场手段将相关的资源要素融入优势产品的生产过程中，从而扩大生产规模，逐渐形成该地区的主导产业。

（二）培育龙头企业

龙头企业在农业产业化经营中具有十分重要的作用，它将分散的农户联系在一起，并且对外与国内外农业市场建立联系，开拓农业市场，引导农户生产，提供农产品生产经营的配套服务，是农业产业化经营可以顺利开展的核心。通过实践证明，一个地区想要发展农业产业化经营就必须保证该地区有龙头企业，所以开展农业产业化经营必须保证该地区具有一定规模和数量的龙头企业。就现状来说，我国很多地区的龙头企业规模比较小，也没有雄厚的资金支持，产品的技术含量和附加值不高，并且主要进行的是农产品初级加工，这样的龙头企业并不具备强大的市场开拓能力，也无法实现对分散农户进行规模经营。为了促进农业产业化经营的发展，政府有必要加大力度培育龙头企业，尤其是对那些与农业关系密切的大中型农产品加工、流通企业提供大力支持，促使它们作为龙头企业可以充分发挥其在资金、技术、管理、市场等方面的优势，推动农业和农村经济的发展。

（三）加强基地建设

龙头企业开展规模经营必须有农产品基地作为基础，农产品基地为农产品的数量和质量提供基础保障，帮助龙头企业农业生产经营理念和方案得以落实。所以，开展农业产业化经营，必须加大力度建设农产品基地。在建设农产品基地时，应该充分利用市场和政府的力量，围绕龙头企业建设有自身特色的农业基地，把基地建设与主导产业的形成进行有机结合。

（四）发展农民专业合作社

结合农产品基地建设，遵循自愿原则，组织和引导农民建立农民专业合作社。对龙头企业来说，农民专业合作社可以帮助他们降低和农民交易产生的交易成本，同时还可以帮助他们更顺利地推广先进的生产技术，更好地推进农业生产标准化的进程。对于农民来说，建立农民专业合作社可以提高他们与龙头企业的谈判能力，从而更好地维护自身利益。

（五）强化科技支撑

农业产业化经营除了要充分把握市场外，还需要提高技术水平。实际上，市场和技术之间存在一定联系，技术水平在一定程度上决定了市场竞争力。农业产业化经营的涉及范围包含整个产业链，涉及的生产环节复杂多样，每个环节都有其相应的产品质量标准和生产技术要求。为了保证整个产业链中的各个环节都能符合生产要求，就必须保证农业产业化经营的科技水平，通过科学技术处理和解决生产过程中遇到的技术问题，保证农产品质量。龙头企业和相关科研部门应该加强农产品生产、加工、储运、销售等技术的创新和引进，通过加入科技要素提升产品的技术含量和附加值，从而使产品在国内和国际市场上更具竞争力。

三、中国农业的国际化发展

（一）WTO 与中国农业

20 世纪 90 年代以来，国际农产品市场格局有着很大的改变，欧美等国争先恐后地出台了有关农产品国际贸易新策略，从而有力地保障本国的农产品能够保持持续增长的速度发展。我国在 2001 年加入 WTO 后，将要承受来自全球的市场竞争压力，既面临着各种前所未有的机遇，也有着众多严峻的挑战。

1. WTO 的基本原则

（1）无歧视待遇原则

所谓无歧视待遇原则，指的是各个国家在进行国际贸易时，不能对其他国家实行歧视性待遇。任何一个国家都不能给予另一个国家特殊的贸易优惠或者是对其进行歧视。

（2）最惠国待遇原则

所谓最惠国待遇原则，指的是加入 WTO 的任何一个国家在给予任何第三方国家特别的优惠和豁免时，也必须自动给予其他成员国同样的优惠和豁免。

（3）国民待遇原则

所谓国民待遇原则，指的是各个加入 WTO 的成员国之间做到相互保证另一方成员国的自然人、法人和商船在本国领域里享有与本国的自然人、法人和商船一样的待遇。

（4）透明度原则

所谓透明度原则，指的是各个加入 WTO 的成员国应该真实有效地实施有关对进出口货物造成影响的销售、分配、运输、保险、仓储、检验、展览、加工、混合或使用的有关法令、条例，一般援助引进的司法判决以及行政决定，以及加入 WTO 的任何一个国家政府与加入 WTO 的另外一个国家政府机构间建立起来的对国际贸易造成影响的政策，必须迅速、及时地给予公布。

（5）贸易自由化原则

所谓贸易自由化原则，指的是对于所有对国际贸易正常开展与运行造成妨碍、阻止的事情，应该给予及时的限制和取消，诸如法律、法规、政策和措施等其他事情，从而有效地推动国际贸易的正常发展。

（6）市场准入原则

所谓市场准入原则，指的是加入 WTO 的任何一个国家，允许外来的货物、劳务与资本参与到国内市场中来。

（7）互惠原则

所谓互惠原则，指的是加入 WTO 的任何两个国家应互相给予对方有关贸易方面的优惠待遇。

（8）对发展中国家和最不发达国家优惠待遇原则

所谓对发展中国家和最不发达国家优惠待遇原则，指的是加入 WTO 的发展中国家在履行 WTO 的有关协议时，需要某个特定的时间和物资储备，则能够享受到一定期限的过渡期优惠待遇。

（9）公正、平等处理贸易争端原则

所谓公正、平等处理贸易争端原则，指的是当发生贸易争端时，各个成员国之间应该在平等的基础上，进行协议调解。通常情况下，调解人是由总干事来担任的。

2. WTO 的争端解决机制

WTO 的争端解决机制指的是在遵循以上九个原则的基础之上，贯彻实行的另一个条件。假如出现了某个成员国违反了以上九个原则中的任何一条，或者某个国家在损害别国利益的基础上从事国际贸易，则大家可以将这个争端通过 WTO 理事会进行有效解决。涉及的程序是：当在国际贸易中发现某个问题时，要在 30 天之内提出来，假如在问题提出之后，60 天内没有给出解决方案，则可以走另外一条程序，这个程序需要大家针对这样的事情组成一个专家小组，通过专家小组对提出的问题给予调查，看申诉的内容是否属实。如果经过调查之后，认为受到损害的成员国提出的争端是属实的，那么最后就可以通过几种方法给予解决。诸如，争端申诉方要求另一方将这个措施取消掉，或者在另一方不给予取消的基础上，允许申诉方实施报复的行为。总体说来，这种措施是目前比较合理的一种保护各个成员国利益的机制，有助于有效解决 WTO 各个成员国之间随时可能发生的矛盾。

3. WTO 的贸易政策审议

设定 WTO 贸易政策审议的首要目的就是要通过定期举行的审议来查看签订 WTO 的各个成员国是否在进行国际贸易过程中，严格遵循了九大原则。所以，WTO 组织也是一个执法部门，相当于世界工商局。WTO 贸易政策审议里面对于各个 WTO 成员国签订的审议的期限是不同的。比如对于欧盟、美国、日本和加拿大这四个国家与组织，实行每 2 年审议一次的期限；也有 16 个 WTO 成员国实行每 4 年审议一次的期限；其余的 WTO 成员国是实行每 6 年审议一次的期限。审议的方法流程是：WTO 成员国自己首先提出一个自审报告，该报告针对 WTO 的规则做得好还是坏，然后 WTO 组织再派出一个秘书处去审议，找出两者之间的差异所在，最后进行确定、解决这个成员国有没有遵循 WTO 的规则而引起的一系列问题。

4. WTO 与中国农业发展

贸易自由化使得各国可以去共享其他国家的资源，其实际上则是变更了原有资源的充足、稀缺程度，也就有效地打破了稀少要素持有者的垄断地位，拓展、延伸了丰富充足要素持有者的国际空间，推动产品价格跨国间趋向均等。这样看来，自由化的赢家是更有竞争力的国家，或者是在国际贸易中没有被公平、平等对待的国家；从一国内部范围来看，要素持有者的国际稀缺程度是大于国内稀缺程度的企业，丰富充足要素密集型产业，也或者是那些原本就备受歧视的产业和集团。

相比较于资本技术密集型产业来说，中国的农业和农产品加工制造业这两个产业是中国最充足丰富的劳动力要素密集产业；中国千千万万个农民，相比较于那些持有着资本技术稀少缺乏要素的阶层来说，最多持有的，便是中国最廉价的劳动力要素；中国的农村，相比较于那些长期以来备受非市场力量保护的城市来说，确实是很久以来都备受歧视的集团。这样来看，经济全球化以及贸易自由化相对于中国的农业、农村、农民来说，则是意味着自己国家的产品特别是那些劳动密集型鲜活农产品以及那些相应的加工制成品，将会打破国内市场对于容量的种种限制，很容易进入一个拥有量更大、更稳定的国际化大市场，从而有效地推动产业技术不断进步，产品不断更新换代；自己国家所持最多的劳动力要素在国内丰富充足程度将会随之下降，价格也呈现出上涨的局面；而且能够凭借着更低的价格获得质量有保证、种类更丰富的生产、消费物品和服务。所以，针对于农业方面的争论者，完全没有必要地在劳动力稀少缺乏、历年来备受保护的欧美发达国家农工以及在劳动力密集型制造业劳动者后面继续"抗议"，更是没有必要趋之若鹜地在持有国内稀少缺乏要素的国家、各种垄断势力后面整天大嚷大叫"狼来了"。

自从中国加入 WTO 以来，国际市场就引领着中国农业长期发展的方向，加入 WTO 也是综合性提高包括粮食产业在内的中国农业经济的一个非常好的机会，为此中国粮食产业经济也有必要做出实质性整顿。如果想完成资源在全球范围内的最佳配置，首先就有必要先在国内完成资源的最佳配置，准确说来，资源在国内范围内的最佳配置是根据在全球范围内的最佳配置为参考、衡量标准。

近年来，中国将大量的农业资源配置在那些比较在弱势地位的土地密集型粮食产业，将无法阻挡全球化的冲击，也无法有效地利用全球化这一良好的机遇。置身于经济全球化这一大背景之下，通过积极有效的整顿结构，提升产品的质量，来迎接这种大潮流，并从中收获更多的收益。

加入 WTO 以来，中国在粮食经济上给予重大整顿；与此同时，中国的劳动力密集型的农产品加工产品，诸如鲜活农产品，纺织、服装等其他产品，竟会收获更多更广阔的全球市场容量，中国也会以此来收获技术不断进步的强大动力，综合性提升档次。美国步步紧逼，欧洲、东亚等其他土地资源稀少、缺乏的发达国家地区在全球化经济这一大背景下，为自由化让步，从而中国的劳动密集型产业也能顺便"搭便车"，收获益处；随着加入 WTO，向来备受排斥、歧视的中国也能够"搭便车"，获得同其他发展中国家一样的待遇；中国千千万万个农民，也会在全球化这一背景之下，拥有更多的机遇，而中国的工业服务业也将会跨国间拥有更多的机遇，从而有效地提高整个中国经济的档次，向来备受保护、处于优势地位的垄断性产业，也将会被迫提升效率，相应地通过下降整个中国的经济运行成本，从而也就提升了效率。

（二）中国农产品的国际贸易

1. 我国农产品国际贸易存在的问题

自从加入了 WTO 之后，我国农产品国际贸易既面临着良好的机遇，也面临着巨大的挑战。目前情况下，我国农产品在国际贸易存在着诸多的问题，下面一一给予分析：

（1）缺乏农产品贸易品牌

农产品品牌在国际贸易里扮演着重要的角色，它既可以很好地体现出经济价值，也能够成为信誉的强有力的代表，所以，对于一个持有良好信誉的产品品牌的公司，对于产品的销售自然不是问题。所以，产品要想收获更好的经济效益，就必须意识到品牌所发挥的重大作用。但是，目前情况下，我国农产品国际贸易一直存在着一个不可忽视的问题，那就是我国农产品在国际上依然没有知名度比较高的品牌，进而导致即使我国的某些农产品质量如何好，依然不能凭借着优质的价格来完成产品贸易。

（2）我国农产品国际竞争力低

目前情况下，我国农产品在国际贸易上缺乏良好的结构，而且也有着比较单一的市场结构，虽然国家也在支持农业的发展，但是国家所给予农业发展支持的程度还远远不够，我国的农业在生产经营方面缺乏完善的条件。最近几年来，我国在农产品经营、管理环节成本越来越高，而农产品组织化程度较低。基于这些原因，导致我国农产品跨国间进行国际贸易时，处于弱势地位。

（3）绿色贸易壁垒影响了我国农产品出口

之所以设置绿色贸易壁垒，主要是因为我国资源损耗率高，人们的健康也面临越来越高的威胁，所以为了给予地球上数量有限的资源足够的保护，使得在保护地球环境的同时，人们的健康能够得到足够的保障，进而针对外来农产品服务，形成一系列比较严格的环境保护准则，从而在很大程度上限制了各种各样外来产品服务。我国加入 WTO 后，关税率一直很低，一些发达国家为了大力发展自己国家的经济，使得自己国家的经济不受其他国家的影响，对外来国家尤其是发展中国家设置绿色壁垒，从而极大地限制了外来产品的输入。使得我国当前农产品在国际贸易中，存在着一个很大的障碍就是绿色贸易壁垒的设置。

发达国家对于外来进口食品的安全性给予越来越高的重视，对于农药残留等其他检测指标也有着非常严格的限制，进而导致对我国的农产品一个不利的影响便是：我国的农产品在广阔的国际贸易市场上很难公正、平等地参与竞争。但是我国还没有对各式各样种类的食品进行规定农药残留量限制标准，所以我国的农产品在出口环节时遇到一系列各种各样标准限制，对于我国的农产品出口产生很大的影响，使得我国农产品出口量因为绿色贸易壁垒的存在，频频遭禁、退货甚至是索赔，损失巨大。

伴随着国家间农产品贸易竞争日益激烈，各个国家都在加大创新力度，设置各种绿色贸易壁垒，尤其是国外基因工程技术的巨大进步，对于传统的农产品贸易带来了很大的威胁。我国农业一直以来都是经营传统的农产品，所以，绿色贸易壁垒的设置，对于我国农产品贸易产生巨大的威胁，深深地阻碍我国农产品贸易的发展，使得我国在国际贸易中处在弱势地位。

（4）农产品贸易逆差

近年来，我国农产品发展的同时，面临一个非常重要的问题就是进出口贸易出现很高的贸易逆差。2016 年，我国农产品全年进出口额达到 1845.6 亿美元，同比略减 1.6%；出口额 729.9 亿美元，同比增长 3.3%；进口额 1115.7 亿美元，同比减少 4.5%；贸易逆差 385.8 亿美元，同比减少 16.5%。[①]

2. 我国农产品国际贸易的发展策略

我国农产品在国际贸易上遇到诸多问题，我们必须想方设法去应对这些难题，做出有利于我国农产品国际贸易的发展策略，下面进行了总结：

（1）完善质量控制，提高国际市场竞争力

农产品如果想击穿各种绿色贸易壁垒，唯一可行的措施就是保证产品是与国际质量标准相符合的，所以，我国质量检验局凭借国家间众多质量标准，制定并发布出了一系列国家标准；我国农业部门也对此制定并发布了一系列行业指标，从而有效地完善、提升了我国农业标准体系。作为众多世界贸易组织成员国的一分子，如果想跨国实现更好的发展，就务必要符合各项标准进行生产，以实现贸易的顺利进行，所以有必要及时去了解有关国家间最新行业标准。而且，我国的农产品要想在竞争日益激烈的国际环境中，获得更好、长远的发展，就有必要与国际标准紧密结合起来，实施 ISO14000 以及环境认证标志。因为 ISO14000 包含着整个有关环境管理标志的各个环节，包括诸如环境行为评价、生命评

---

① 新华网. 2016 年我国农产品贸易逆差收窄 16.5%［EB＼OL］. http：//news. xinhuanet. com/food/2017-03/07/c _ 1120579854. htm.

估、环境体系等其他方面的内容。所以我们在生产农产品时，从最开始的原材料，到生产，再到审计等其他诸多环节中，自始至终都要贯穿于环境管理标准之中，从而使得农产品在各个环节中都顺利过关。所以，要想使农产品顺利进入国际市场，必须做到这些方面，从而有力地将绿色壁垒——攻破。

（2）实现产业升级，形成国内行业价值链

如果想要我国的农产品顺利打入国际市场，必须练好稳固扎实的基本功，其中最基本的是要做到不断加大科技的投入。尤其是对于一直都是生产传统农产品的企业来说，企业务必要不断增大科技的投入，有效地推动产品有着更好、更高的科技含量，从而使得企业生产、开发出来的产品不仅各具特色，而且也更加安全、优质，从而顺利地走出广告大战以及价格大战。其实，只有不断地加大科技投入，才能够生产出响当当的品牌，从而有力地在广阔的国际贸易市场中占据不败地位，进而实现更快、更好、更大的发展。目前情况下，我国农产品行业依然没有形成规范，导致诸多重复的问题频频发生，要想成功地解决这些问题，就有必要重新整顿产业秩序，使得各个环节分工更加明确，最后形成行业价值链体系。

从市场产业价值链的基础之上，将全部涉及农产品生产的各个农资企业有效地联合在一起，再加上对这些农产品进行加工的生产商，再加上农户，三方有力地联合在一起，从而有效地形成一条完善的产业价值链。该产业价值链不仅使得厂商的产品更具市场竞争力，也大大地提高了农资企业的销量，从而有效地解决了农产品滞销等问题，最终也在很大程度上增加了农民收入的稳定性。

我国农产品在国际贸易中既要经历良好的机遇，也要经历巨大的挑战，更是要经历各种存在的问题。虽然我国农产品发展过程中，存在诸多问题，但是只要我们给予农产品国际贸易足够的重视，敢于接受各种挑战，并及时发现问题，并找到解决问题的发展策略，我国就一定能在日益激烈的国际竞争中脱颖而出，实现我国农业更快、更好、更长久、更稳定的发展。

第六章

农业信息化与农业经济增长研究

第一节 信息化与农业信息化概述

一、信息化的概念

信息化概念的提出，可追溯到 20 世纪 60 年代初期。尽管美国未来学家丹尼尔·贝尔在其"后工业社会"研究思想中已经包括了"信息社会"的含义，但是，日本学者认为"信息化"和"信息社会"的概念是由日本学者首先提出的。

1963 年 1 月，日本学者梅田忠夫（Tadao Umesao）在日本 *Hoso Asahi* 杂志上发表了题为《论信息产业》的论文，首次从信息产业的角度研究了日本未来社会的发展方向。1964 年 1 月，*Hoso Asahi* 杂志又刊登了日本 Rikkyo 大学 Kamishimn 教授的一篇论文《信息社会的社会学》，指出日本社会正进入"信息产业社会"，也就是梅田忠夫所预言的"信息产业时代"。

1967 年，日本"科学、技术与经济研究小组"创造并开始应用了"Johoka"一词，"Johoka"即为"信息化"之意。1970 年，Masuda 第一次把日本学者使用的"Joho Shakai"翻译成"Information Society"。然而日本学者对世界信息化社会的研究所做的这些贡献却鲜为人知。为此，日本庆应义塾大学的教授伊藤阳讲述了如下原因。

"首先是日本语言的限制。尽管 20 世纪 60 年代末 70 年代初，日本出版了不少论述信息社会和信息化的著作，但在海外却很少为人所知。如果这些著作是用英文或法文写的，世界范围的'信息化浪潮'就会产生于 60 年代末 70 年代初，而不是 70 年代末 80 年代初了。

"其次是日本学者保守与专断的态度。日本学者惯于认为所有重要的思想和理论，19 世纪之前来自中国，19 世纪之后则应来自西方。因此，'信息社会'和'信息化'在西方世界广为流传之前，大多数日本社会科学家都没有认识到它们的重要意义。只是在西方学者开始就此进行著述后，日本学者才开始认真地认识和讨论这些概念。"所以，日本学者虽早于西方学者 10 年就知道了这些概念，却最终让西方学者走到了前面。

1977 年，法国的西蒙·诺拉和阿兰·敏克在为法国政府撰写的经济发展报告《社会的信息化》中，使用了法文单词"Informatisation"，这一单词的英译"Informatization"随后便被世界其他各国普遍接受并使用至今。"Informatization"就是人们通常所说的"信息化"。

虽然"信息化"浪潮已成为当今社会发展的主旋律，但对于"信息化"这一概念的严格定义尚未形成。目前，较为普遍的观点是："信息化"是指加快信息技术的发展及其产业化，通过普遍采用信息技术和电子信息装备，建设先进的信息基础设施、发展信息技术及产业，更有效地开发和利用信息资源，使信息产品及服务在经济发展中的地位逐步提高，直到占据主导地位，从而加快经济发展和社会进步，把现阶段的社会发展状态——工业社会或农业社会推进到一个崭新的社会发展状态——信息社会；与此相伴随，把现阶段的经济发展状态——工业经济或农业经济推进到一个崭新的经济发展状态——信息经济。简言之，"信息化"就是把现阶段社会推进到信息社会的过程。

二、农业信息化的内涵

（一）农业信息化的概念

农业信息化指的是在农业领域充分利用信息技术的方法、手段和最新成果的过程。具体来说，就是在农业生产、流通、消费以及农村经济、社会、技术等各个环节全面运用现代信息技术和智能工具，实现农业生产经营、农产品营销、农产品消费的科学化、智能化过程。农业信息化不仅包括计算机技术，还包括微电子技术、通信技术、光电技术和遥感技术等多种技术在农业上普遍而系统的应用。

（二）农业信息的类型

1. 农业自然信息

农业自然信息指存在于自然界中的与农业活动相关的各类信息，包括生物生长信息，例如作物生长信息；生物生长环境信息，例如当地的土壤、气候条件等；生物生长与其生长环境之间的作用信息，例如农作物和土壤之间的养分循环等。作物生长信息包括作物的种类、品种、生态适应性、营养需求等相关信息；土壤信息包括土壤的类型、质地、养分情况、含水量、耕作层厚等信息。这些农业自然信息可以为农业劳动者在其生产决策和日常生产管理中提供参考。

2. 农业社会信息

农业社会信息指人类在农业生产经营活动中产生的各类信息，包括农村社会和经济信息、农业生产技术信息、农业市场信息、农业政策信息等。农村社会和经济信息包括农业人口数量和变化情况、农民收入水平、农民社会保障情况、农村基础设施等方面的信息，通过对这些信息进行充分的了解，政府可以制定和调整相应的政策。农业生产技术信息包括农作物的品种、栽培技术、病虫害防治技术等方面的信息，通过充分掌握这些信息，农业劳动者可以采取相应的技术措施。农业市场信息包括农业生产资料和农产品市场供求和价格等信息，通过这类信息，农业劳动者可以对其生产经营进行较为科学合理的决策。

（三）农业信息的特点

1. 与自然环境条件的依存性

农业是将自然再生产作为其基础的，生物的生长发育一定是在自然环境中发生的。所以在进行农业生产的安排，以及农业生产的日常管理时，就要充分考虑到生物生长发育的自然环境，包括地形地貌、气候状况、季节等，要充分了解和掌握生物的适地适生信息，要根据实际情况组织农业生产经营活动。

2. 系统性和渗透性

农业生产实际上是自然生产与经济再生产有机结合产生的部门，是一个涉及生物、环境、经济、技术等多方面多领域的复杂庞大的系统工程，各方面、各领域的信息都同时存在，并且相互渗透，共同作用。所以在进行农业生产经营时，必须对各方信息进行全面收集。

3. 使用上的商业性与公益性并存

农业信息在使用上同时具有商业性和公益性。商业性农业信息是指直接影响农业生产经营的经济效益的农业信息，在农业生产经营者进行决策时这类信息会直接与他们的利益挂钩，这类信息的价值通过市场得以体现。商业型农业信息具有个体性和微观性，通过市场可以对这类信息进行较好的信息配置。通过相关企业提供信息是缩短信息传递链条的一个有效途径，这样可以提高信息传递的及时性和准确性，实现信息传递双方的即时互动。公益性农业信息是指具有很强正外部性的农业信息。一般情况下，公益性农业信息关系到农业经营风险和部分自然风险的降低，也关系到农业整体生产力水平的改善，这类信息直接关系到国家、社会和广大农民的利益。

（四）农业信息化的作用

1. 农业信息化是发展农业的重要动力

当今是信息化时代，信息资源在当今社会中是十分重要的生产要素，在资源结构中占有十分重要的地位。农业信息化是农业发展的必然要求，提高农业信息资源的开发利用水平，可以在一定程度上减少物质生产要素的投入。通过推进农业信息化的发展可以促进农业产业结构的优化，促进农业增长方式的转变，以此为基础推进农业的可持续发展。

2. 农业信息化是实现决策科学化的重要手段

农业生产和经营管理受到很多因素的影响，农业系统具有复杂性、动态性、模糊性和随机性的特征，所以在进行决策时比较复杂。想要进行科学有效的农业决策，就需要充分利用多个学科、领域的知识，还需要借助专家的知识和经验进行推理和判断。通过农业信息技术，可以将农业决策支持系统、专家辅助系统、作物生长模拟系统等信息化系统进行有机结合，通过科学的分析做出农业决策。

3. 农业信息化是提高农业经济效益的有效措施

通过信息技术可以进行模拟实验，这样就在农业科研方面节省了成本和时间，提高了科研的效率；通过对信息技术合理利用，可以通过预测增强作物抵御自然灾害的能力，降低风险和损失；农业信息技术帮助农业生产经营者快速、便捷、低成本地了解和掌握农业新品种和新技术、农产品供求和农业农村经济政策等信息，以此降低决策成本。

4. 农业信息化是实现资源高效配置的重要手段

农业信息化可以打通信息通道，加强农村与城市、国内与国外的联系，使农业发展可以充分利用各方资源和市场，进行资源配置的优化，扩大农产品市场；利用信息系统，可以帮助农村富余劳动力流向城市，加快城镇化和工业化的进程；科研院校和机构可以通过农业信息化寻找合适的实验基地，促进科研成果与现实生产力之间的快速转化；农业方面的人才也可以更好地根据需求找到合适的岗位，实现人才的优化配置。可以看出，农业信息化可以优化资源的配置，提高资源配置的效率。

第二节　农业信息化的理论支撑

一、信息社会理论

（一）信息社会及其概念界定

随着信息革命和信息化的推进，人类社会将由工业社会进入信息社会，这在世界范围内都取得了一定的共识。从学术研究的角度来看，究竟什么是信息社会，又怎样来判定一个社会是否进入信息社会，在学术界还是一个值得研究的问题。

即使现在学术界将当前我们的时代和即将来临的时代称为"信息社会"，这也不是人们对此的唯一称呼。在信息化过程中，根据不同的阶段或基于不同的视角，人们还使用了其他一些词语来定义社会的特点，如后工业社会、信息时代、知识社会、高技术社会、信息化社会、电子技术时代、超工业社会、后现代社会等。但相比其他概念，"信息社会"使用范围最为广泛、使用频率最高。关于什么是信息社会的研究，主要有以下典型理论或学说。

1. 丹尼尔·贝尔的后工业社会说

丹尼尔·贝尔被称为详述信息社会的第一人，他在 1957 年就提出了后工业社会的概念。1973 年，他在其所著的《后工业社会的来临：社会预测初探》中全面论述了后工业社会学说。贝尔把社会发展图式划分为前工业社会、工业社会、后工业社会。他认为后工业社会是围绕知识组织起来的，其目的在于进行社会管理和指导革新和变革，这反过来又产生新的社会关系和新的结构。他在与工业社会进行比较的基础上指出了后工业社会的特点：从经济部门的性质看，后工业社会是以服务业为主的社会；在职业构成上，专业性、技术性和科学研究型的职业占主导地位；理论知识成为社会革新和制定政策的源泉，居于中心地位；在技术上，生产技术和生活技术逐步朝着有计划和有节制的方向发展；在制定政策和进行决策上，人们越来越依靠智能技术。

2. 彼特·德鲁克的知识社会论

彼特·德鲁克在 1968 年提出了"知识经济学说"，创造了"知识工作者"这一概念用以描述知道如何利用知识来提高生产效率的管理者，并认为知识工作者是社会劳动的中心。他认为在知识社会，知识是衡量经济潜在实力和基础实力的重要标志。在知识社会，阶级冲突的形态从有产阶级与无产阶级的冲突转变为有知识阶级与无知识阶级的冲突。

3. 阿尔文·托夫勒的第三次浪潮说

阿尔文·托夫勒在其所著的《第三次浪潮》中采用"浪潮前锋"的分析方法剪裁历史，明确指出，人类经历了农业化浪潮、工业化浪潮之后将迎来第三次浪潮，即信息化浪潮，三次浪潮分别对应农业社会、工业社会和信息社会。他认为信息社会区别于工业社会之处在于主宰世界的权力由财富转为知识。

4. 约翰·奈斯比特的信息社会说

约翰·奈斯比特在其所著的《大趋势》中明确提出"信息社会"的概念，他在《大趋势》中进一步分析了信息社会的主要特征：知识和信息是主要的资源和财富；从农民到工人再到职员是美国职业发展史的必然趋势；信息业的增长是经济增长的主要因素；技术的发展从强迫性技术向高技术与高情感相平衡的方向发展；信息流动的时间加快，全球信息化时代已经到了；人们的生活习惯由农业社会的向过去看，工业社会的注重现实发展，转变为信息社会的向未来学习。

5. 曼纽尔·卡斯泰尔的网络社会说

曼纽尔·卡斯泰尔被认为是"网络社会"最优秀的思想家、"90年代的贝尔"，其网络社会理论主要由其《信息化城市》《网络社会的崛起》《特色的力量》三部著作奠基。卡斯泰尔认为，网络构建了新的社会形态，是支配和改变社会的动力源泉，信息时代的主要功能都是围绕网络形成的。网络通过改变生活、空间和实践的物质基础，构建流动的空间和无限的时间，这种新的社会组织形式正在渗透全球，遍及世界。

（二）信息社会的特征

随着信息化的持续推进，"信息社会"理论越来越丰富，人们对信息社会也越来越关注。无可否认的是，"信息社会"现在已经成了人们日常生活中的高频词，走进了人们的意识之中。结合有关信息社会的理论及全球信息化浪潮带来的革命性变化，我们可以归纳出信息社会的若干特征。

1. 信息社会是人类社会发展的一个新阶段

贝尔等人的后工业化理论、列奥塔等人的后现代主义理论、卡斯泰尔的发展信息模式理论等都认为信息社会作为一种新的社会形态正在取代旧的社会形态。即使对这一观点持反对意见的人如韦伯斯特、阿格里特、哈伯马斯等也承认信息化的发展确实促使人类社会进入了一个新的阶段。因而可以认定，信息化带领人们进入了一个崭新的时代，信息革命的影响绝对可以媲美农业革命和工业革命对人类带来的影响，而且更大、更广、更深远。

2. 信息技术高度发达和广泛普及

信息社会是在信息技术的驱动下产生和发展的。信息技术主要包括计算机技术（Computers）、通信技术（Communications）、控制科技（Control）及信息的获取、传输和处理技术（Collection），即所谓的"4C"。信息技术构成了信息的基础结构，对社会经济生活的各个方面和各个领域具有极强的渗透力，信息技术的快速发展极大地推动了社会经济的发展和变革。

3. 信息数量激增

在信息社会，信息呈爆炸式增长，成为社会生产的支柱性主要产品。丹尼尔·贝尔最先使用了"信息爆炸"这一术语来形容信息社会信息数量的增长。英国科学哲学家詹姆斯·马丁指出，人类知识从19世纪以来每50年增长1倍，到了20世纪中期每10年增长1倍，20世纪70年代则是每5年增长1倍。据研究，现在差不多是不到2年就增长1倍。据专家估计，20世纪40年代以来产生和累计的信息量比这之前人类所产生的信息量之和还要多。

4. 信息产业高度发达

在信息社会，物质生产更加依赖于信息的生产，信息和知识被视为财富增长的主要源泉，信息产业成为国民经济的支柱产业或重要产业。彼得·德鲁克和奈斯比特对此均有论述。彼得·德鲁克认为"知识生产成为生产力、竞争力和经济成就的关键"，"知识已成为最主要的产业，这个产业提供了生产所需要的重要核心资源"。奈斯比特也指出："信息社会里知识是最重要的因素""知识是经济社会的驱动力"。而当前，信息技术已毫无争议地被视为当代最先进、最活跃的生产力，信息产业已成为全球经济发展的主要推动力和新的增长点。此外，传统产业也广泛采用信息技术来提高效能，整个社会全面信息化指日可待。

5. 就业结构发生重大变化

随着信息产业的兴盛与社会信息化程度的进一步提高，整个社会的就业结构也发生了明显的变化，劳动力不断从生产领域向服务领域转移，白领工人比重持续攀升，以掌握信息技术应用为特征的信息职业者或知识劳动者成为决定社会生产和管理运作的主体。

6. 日常生活高度信息化

发达的信息技术为人们生活提供了极为便利的条件，极大地丰富了人们的精神生活；促使教育手段信息化，增加了人们受教育的机会；为政治生活民主化提供条件，为人们知情权的维护提供了保障，增加了政治参与、政治表达等方面的机会。

二、信息资源理论

（一）信息资源的界定

信息是与物质、能量并列的，能够支撑人类社会发展的重要资源，这一定义早已为人们所认识，但有关信息资源的研究则是到 20 世纪七八十年代才逐渐兴起，信息资源作为专门的学科术语有据可查的出处最早可以追溯到 1970 年由 J. O. Rourke 所著的《加拿大的信息资源》一文。此后，以 Information Resources 为标题的论著逐渐增多。国外有关信息资源的概念界定之中影响力最大的当属美国学者霍顿提出的定义，他指出"信息资源"一词的单复数形式含义不同：当其作为单数时，其意为某种内容的来源；而当其为复数时，其意是指支持工具，包括供给、设备、环境、人员、资金等。我国对信息资源概念及其有关问题的研究始于 20 世纪 80 年代中期，"信息资源"一词广为人知并引起人们重视始于 1984 年邓小平同志对《经济参考报》的一句著名题词："开发信息资源，服务四化建设。"国内学者在借鉴国外有关信息资源定义的基础上倾向于将其做狭义和广义两种理解，如乌家培指出：狭义的理解仅指信息内容本身，广义的理解指的是除信息内容本身外，还包括与其紧密相连的信息设备、信息人员、信息系统和信息网络等。不过乌家培教授也指出，即使是狭义的理解，信息资源也应包括信息载体，因为信息内容不能脱离信息载体而独立存在。其他一些学者等对信息资源的理解基本上是在此基础上进行再次定义，与此定义异曲同工。

（二）信息资源的特性

1. 信息资源的自然特性

（1）依附性。信息资源不是物质，但离不开物质，信息资源必须借助一定的符号依附在一定的物质载体上，不能脱离物质载体而独立存在。

（2）再生性。信息资源经过收集、整理、加工后，或在传播过程中，可以衍生出新的信息资源或更多的信息资源。信息资源被利用得越多越广，就越有可能创造出更多的信息。

（3）数量的无限性。信息资源在数量上是无上限的，在统计上是无法穷举的。

（4）易转换性。信息资源易于在不同的记录介质和表示方式间进行转换。

2. 信息资源的经济特性

（1）效用性。信息资源是经开发后为人们生产生活所利用的有用信息，具有一定的使用价值。

（2）稀缺性。一方面，人们对信息资源的需求非常巨大，而信息获取能力却总是有限，相对于人们的信息需求，信息资源的供给具有稀缺性；另一方面，信息资源的开发需要投入（包括物质投入、智力投入等），人们要想拥有信息资源，就必须付出一定的代价。

（3）增值性。信息资源经开发利用可以不断增值，同时信息资源的投入能使其他资源增值，如各类人力、资本及自然物质资源等。

（4）成本结构的特殊性。信息资源一般生产成本都很高，但复制成本较低，经常会出现市场失灵的现象。

3. 信息资源的公共产品特性

（1）共享性。所有信息使用者在相同的条件和环境下，无歧视、平等地得到所需信息，信息生产者或拥有者难以独占使用，即信息资源的使用者在使用某一信息时，并不会影响其他人对该信息的使用。信息资源的这种特性类似于公共产品的非排他性，这使得信息资源消费者倾向于"搭便车"，即使有知识产权方面法律法规的保护，但信息产品复制便捷、成本低廉，而法律的执行成本却非常高，也就是说制止"免费搭车"行为的代价高。

（2）非损耗性。即信息不因交易、利用而磨损或消耗，尽管有些信息有保密规定或交易双方有约定，只能在限定的范围内使用，但这并不意味着信息的损耗。如一些农业科技信息并不为某一机构或人员所独占，也不因传播范围的扩大和使用人数的增加而损耗。国家大力推进农业科技的扩散和传播，正是基于信息资源的非损耗性。

（3）外部性。信息资源与其他公共产品一样存在明显的"效果外溢"。许多信息资源（特别是公共信息）的开发利用有利于社会发展进步，却未必能为个人或组织带来经济效益。外部性也是导致信息资源配置市场失灵的原因之一，因而政府应充当主导配置的角色。

（三）信息资源分布理论

关于信息资源分布情况的研究直接关系到信息资源的开发、管理和利用效率的提高。

人们经常发现在信息流的产生、传播和利用过程中，信息资源常常表现出明显的核心趋势和集中取向。从地理上来看，信息资源主要集中在发达国家和发达地区。这也被称之为信息资源分布中的"马太效应"，其结果就是导致"数字鸿沟"和信息分化。

1. 数字鸿沟

又被称为信息鸿沟，最早是指一个在那些拥有信息时代的工具的人以及那些未曾拥有者之间存在的鸿沟。现在被用来指对信息拥有、使用和利用程度的不同带来的信息落差。

数字鸿沟现象存在于国家之间、地区之间、社会阶层之间，已经渗透到人们的生产生活当中，成为在信息化社会非常突出的社会问题。据有关资料显示，发展中国家约有一半人从未使用过电话，全非洲的电话线加起来才相当于纽约曼哈顿岛的电话线长，全球大型数据库的70%设在美国。就我国而言，信息资源主要集中在城市，如城乡互联网差距明显，72.1%的网民为城镇居民。

2. 信息分化

主要指社会经济信息化过程中，国家之间、地区之间、群体之间、个体之间由于信息技术的拥有和应用程度的差异及接受信息、消化信息能力的不同而导致的一种日益明显的社会分化现象。信息分化的原因是数字鸿沟，其结果就是贫富两极分化，越是占有信息的人越富有，反之，缺乏信息的人则更加贫穷。

（四）信息资源的开发利用

信息是普遍存在的，但信息天然就是资源吗？一般情况下，人们将资源理解为普遍存在于自然界和人类社会中的可以用于创造财富（包括精神财富）的具有一定量的积累和客观存在形态，如土地资源、水资源、人力资源等。资源一般具有有用性、稀缺性、可开发性以及经济学意义上的成本、价值等属性。事实上，人们在定义信息资源时均强调了信息的有用性。信息要成为资源起码应具备两个最基本的条件，一方面，信息应具备可用性，即对人们有用，表现为这种信息是人们所需要的，并且能为人们所反复使用；另一方面，信息应具备可支配性，即信息经人们的处理可以成为人们能够实际支配的资源。因此，信息资源实际上就是能够为人类所识别所获取的、经开发后可为人们所支配的信息，在信息资源之外，还存在大量未被人类发现、开发和利用的信息。信息并非全都是资源，只有经过人类开发与组织的信息才是信息资源。信息资源的开发利用，就是将通过一定的方式和手段收集到的信息，根据用户的需求，有目的地进行整理和加工，使其增值并以一定的方式提供给用户为其所用。

三、信息传播理论

农村信息化建设非常重要的一点就是实现信息的有效传播。从信息传播的模式来看，其基本形式有以下四种。

（一）信息获取

这是最基本的信息传播模式。它是指信息需求者对知识或技能信息的一种主动的寻找。在这里，信息需求者要明确他需求的信息是什么，可用的信息来源有什么，信息获取的渠道是什么，如何判定信息的有效性等基本问题。从农村科技服务信息化管理情况来看，农民对于信息获取的方式有两种，一种是通过直接手段，如自己的观察、生产过程中的实验等；另一种是通过间接的方式，如向别人咨询或者进行网络搜索。无论采取哪种方式，都是信息需求者自身主动从信息供给一方索取信息。农民在遇到问题时才会产生信息需求，而后通过他知道的渠道获取信息，最后他也会对信息进行评价，选择相信而采用或者不相信而放弃。

（二）信息推送

信息推送是信息传播领域的一项新技术手段，主要是信息传播机构（者）基于一定的技术标准或协议，通过互联网将用户所需要的信息进行定期传送以有效减少信息过载。推送技术就像广播电台播音一样，主动将用户感兴趣的信息、资料等传送给用户，进而减少用户花费在网络搜索方面的时间。信息推送综合运用了数据挖掘、自然语言处理和互联网络等多种信息技术，其关键是按照特定信息用户的偏好和需求进行信息搜索和过滤，在此基础上将合适的信息内容定期推送给特定信息用户，帮助信息用户更便捷地开发利用有价值含量的信息资源。信息推送的挑战在于如何将恰当的信息资源推送给最需要的人。这就需要对信息资源和信息用户进行深刻的分析，将信息资源与信息用户的兴趣、需求进行有效的匹配。信息推送改变了"客户找信息"的信息获取模式，实现了"信息找客户"的根本性转变。它更加强化了信息管理者的管理效率和能力。

（三）信息聚合

信息聚合也称简易信息聚合，英文缩写为 RSS 技术，是一种通过简易的信息发布和传递方式在网站间实现信息内容快速、高效共享的信息技术。RSS 技术能使某一网站便捷地调用其他提供 RSS 订阅服务的网站的内容，可以使网站发布的信息内容的传播范围迅速扩大。RSS 技术应用到农村科技服务信息化管理之中，就成为信息获取和信息推送的综合体。一方面，农户确认其信息需求大致领域，锁定一个相对宽泛的范围，向信息提供者提出信息获取的需求；另一方面，农村科技服务信息化管理组织进行农户需求范围内的相关信息的聚合，定期向农户推送此类信息。RSS 聚合的信息量是非常大的，通常是通过信息摘要或信息标题的形式发送。农户可以在获得的信息中，再次缩小范围，进行有价值的内容选择。这样既不会遗漏相关信息，同时也节约了搜索时间和成本，提高了信息获取的时效性，增强了信息的有效性，它表现出个性化信息主题聚合、信息获取高时效性、信息发布成本低、知识信息得到过滤与积累、本地信息易于管理等明显优势。

(四) 社交网络服务

社交网络服务源自英文 Social Network Service，简称 SNS。社交网络源自网络社交，网络社交的起点是电子邮件。从早期的点对点的 E-mail 到点对面的 BBS，再到提高传输速度和同时交流能力的即时通信 (IM) 和今天的微博，人们在网络上的形象更加趋于完整，社交网络也是在这时候出现了。随着信息化的逐步推进，信息技术慢慢地渗透到人们日常生活的方方面面，由于网络信息管理成本更低，人们也逐步将日常生活的信息流渐趋完整地转移到网络上来，SNS 也相应地得到了发展，这就使得虚拟社交与现实世界的社交交叉程度越来越高。

把社交网络技术和理念应用到农村科技服务信息化管理中，我们会发现农村科技服务与管理已经发生了质的变化。首先，农户将不再仅仅是需求者的角色。在社交网络中，农户的主动性将大大增强，他们既是科学和技术知识的需求者，也是提供者，更是筛选、整理和凝炼者，甚至是发明、发现者。他们对于农村科技服务会产生更加强烈的需求，同时也会作为农村科技服务信息化管理的主体之一参与到整个管理过程中来。这样，科学技术的服务与管理将更加体现出更多的交流互动性。其次，农村科技服务信息化管理的组织结构扁平化、网络化，使得管理者与用户之间沟通的层级缩减，沟通的渠道将更加顺畅，沟通的时间将大大缩短。最后，农村科技服务信息化管理的成本将大大降低。管理成本的降低不仅仅是技术本身的发展带来的，还受益于技术发展对人们社会价值取向的深层影响。

当信息化管理遇见"社交网络"时代时，科技信息的传递、服务和管理已经不再是单方面的热情。基于共同社会价值取向，会形成具有相似性甚至是一致性的管理文化，从而大大促进管理成本的降低。

从信息获取到信息推送再到信息聚合和社交网络，我们看到的是信息流媒介的不断变革，以及其引发的社会生活的价值取向和生活方式的彻底变革。农村科技服务信息化管理要转变发展思路，将信息技术发展中的创新方法和创新思维运用起来，紧跟农业现代化、农村现代化的发展方向。

四、信息管理理论

随着信息化建设的推进，海量的信息与需求是客观存在的，需要对其进行有序的组织，信息管理理论则顺时而生。信息管理理论旨在研究如何根据社会需求对海量的信息进行规范的控制和利用，使信息利用效率和效果最大化。

（一）信息管理概念与内容

国外对信息管理的研究较早。Forest W. Horton 于 1985 年提出信息管理是一种使有价值的信息资源通过有效的管理与控制程序能够实现某种利益的目标活动。

W. J. Martin 借用管理的定义，指出信息管理是与信息相联系的计划、预算、组织、指导、培训和控制活动。他还指出管理信息系统是一种明确限定层次对信息进行管理的工具，其范围比信息管理要窄，而信息资源管理与信息管理范畴大致一致，但"信息管理"术语更通用。德国学者从信息资源管理与信息过程的角度定义信息管理，他们认为信息管理是对信息资源和相关信息过程进行的规划、组织和控制。具体来讲，其内容包括信息服务的管理环境及信息经济化过程、信息资源、信息生产与服务等方面的管理。Mariam Broadbent 认为信息管理包括数据资源和信息处理两方面的管理。

我国学者在借鉴国外有关理论研究的基础上同时结合我国信息化建设实践对信息管理进行了理论研究与分析。将对信息管理的理解归纳为两种观点，一种观点是将信息管理视为对信息的管理，另一种观点是信息管理是对涉及信息活动的各种要素进行管理，而不仅局限于信息，还包括对人、机器、机构等的管理。信息管理是在信息社会实践过程中，通过运用人财物等要素，对信息搜索、检索、研究、报道、交流和提供服务等各个信息环节进行管理的过程。随着我国信息化程度的深化及国内外交流的日益频繁，我国学者在信息管理理论方面的认识渐与国际接轨，对信息管理的界定、规范和实质性的认识日渐趋同。综合国内外学者研究成果，结合信息管理的实际，当前对信息管理的研究主要集中在三个方面：

（1）如何对信息源进行组织开发，为社会的发展源源不断地输入"能量"。信息源的开发是信息管理工作最基本的方面。

（2）如何对信息流进行控制。总的来讲，信息的无序流动是一种绝对的存在，而有序流动则是相对的。如何对海量的信息流进行控制，使其按照特定的社会需求实现有序、合理的流动，即流向信息用户。

（3）面向社会成员开展信息服务。信息管理的核心是为用户提供有效的信息服务。随着信息服务的发展，以用户需求为导向开展信息管理是一种必然要求。这三方面实质上也体现了信息管理要实现的三大基本功能。

（二）信息管理基本理论

由于研究视角、方法及重点领域的差异，有关信息管理的研究理论主要有四个。

（1）信息系统理论。主要以管理信息系统为研究的主要内容，围绕企业或社会组织管理信息系统的建立及如何利用信息优势取得有利竞争地位而展开研究。

（2）一般管理理论。主要是将信息管理视为一般管理学的分支，将信息管理理解为以信息为对象的具体管理实践活动。主要代表人物有威廉·马丁、克罗宁和达文波特等。我国学者卢泰宏把信息管理看作是管理的一个新领域，他认为信息技术、信息经济、信息文化构成了信息管理的三维结构。符福峘认为一般管理的基本职能完全可以应用于信息管理。

（3）用户服务理论。主要是以用户服务为基点展开研究，即以用户的信息需求和信息利用为中心研究信息过程的相关问题。如施特洛特曼认为信息管理的出发点和最终目标应该放在信息服务上。我国学者胡昌平等在其所著的《信息服务与用户》中对信息服务与用户进行了系统的研究。

（4）信息交流理论。这一理论认为信息管理理论就是研究信息交流实践活动中揭示其规律的管理实践。如米哈依诺夫在其所著的《科学交流与情报学》中主要研究了信息资源分布、分配、加工和利用过程中信息交流的社会规律。我国学者陈耀盛总结了信息交流的五个原理，即继承和创造原理、有效供给保障原理、序化重组原理、信息活化原理及充电更新原理。

第三节　农业信息化对农业经济增长的意义

科学技术是第一生产力，信息化则是在现代科学技术不断发展中衍生出来的新型产物。随着我国信息化的不断发展，信息化技术也可以应用于农业生产领域，将现代信息技术引进农业生产，能够有效推进农业科学技术和现代生产技术的普及。然而，目前还有很多农村地区在农业生产时依旧采用传统模式，工作效率较低，直接影响了农业经济的发展。因此，需要借助信息化将改革创新传统农业生产模式落到实处，对其进行优化、更新、转型，降低农业生产成本，使农业生产更具高效性、科学性，从根本上调整农业生产结构，促进农业经济增长。同时，农业科学技术的发展离不开农业信息化的支撑和帮助，农业信息化对于更新和改革农业生产技术，改进农业生产使用工具等均有重要意义。农业信息化是社会整体信息化中重要的组成部分，落实建设农业信息化是我国建设新农村过程中的首要任务，也是促进农业经济增长的关键因素之一，能够为推进农业领域进一步发展提供强有力的支撑和动力。

一、农业信息化对调整农业结构具有指向作用①

在农业生产领域大力推行农业信息化，是现阶段农业结构调整的方向，其满足新时代市场经济实际发展需求，为农业生产后续工作开展提供了有效参考。此外，农业信息化通过深度分析，能够充分掌握市场信息，但在以往传统的农业生产领域，市场由于缺乏有效的管理，极易出现农业经济结构混乱失调的问题，影响农业生产领域在市场经济中的发展。基于此，在农业生产领域增强农业信息化建设力度，能够使农业结构调整更具科学性和规范性。

二、农业信息化可以有效解决农业生产领域中的技术难题

有效处理农业生产过程中遇到的技术难题，为农业经济未来发展提供专业技术支撑，是农业信息化需要重点面对与解决的问题。然而，在传统农业生产领域发展进程中，技术方面的问题一直是阻碍农业经济快速发展的关键问题，但通过利用农业信息化的优势，能够有效转换各种现代化科学技术研究成果，将农业生产的经济优势完全发挥出来，处理农业生产中面临的技术难题，进而能够促使农业经济发展中现代科学技术的含量得到实质性提高。

三、农业信息化可以起到优化完善资源配置的作用

在农业生产中应用农业信息化技术，能够优化资源配置效果，提升资源利用效率，处理生产环节遇到的问题，达到农业经济增长的目的。以往的农业生产发展过程中，虽然运用传统生产方式也可以达到促进农业经济发展、增长的目的，但是这种方式存在许多弊端，如投资成本较高，生产量较低，导致最终效果并不理想。通过建设农业信息化的方式，可以有效避免以上问题的发生，不仅能够降低资源开发所需投资成本，还能够提高农业生产资源开发效率。

四、农业信息化使农业服务体系更加科学完善

建设农业信息化不仅能促进农业经济增长，还能推动农业生产向市场化方向发展。根据政府部门发布的农业市场信息动态，以科学合理的措施和态度理念，严格监管农业生产经营企业发展情况，为顺利开展农业经济实践活动做好准备。

---

① 潘元东．农业信息化在农业经济增长中的作用 [J]．乡村科技，2021（8）．

第四节　农业信息化发展的加强对策

一、农业信息体系建设的思路

（一）整体推进与局部突破相结合

在农业信息化发展中要遵循整体推进的战略思想，全国各地农村都要重视发展农业信息化，发达地区利用先进的农业信息技术和信息资源积极改造传统农业产业，使其具有更强的竞争力和适应性。

欠发达地区要借助农业信息化发展为农业和农村经济发展带来强有力的支撑，抓住信息化发展机会，实现当地农业的跨越式发展。

在整体推进全国农业信息化建设的同时，要实行局部突破战略。在一些农业信息化发展基础设施状况、资金实力、人员素质等条件较好的地区，以及农产品商品率高、对信息需求迫切的地区，可以加大信息资源的整合和深度开发利用程度，推进现代信息技术在农产品生产、流通和消费领域的全面应用。积极鼓励多种市场主体参与农业信息体系建设和从事农业信息服务工作，探索多种可行的农业信息服务模式。积极开展面对农户的信息服务，让信息技术与信息资源成为当地农业产业发展的重要因素，使这类地区成为中国农业信息化的排头兵，起到带动和示范效应。

（二）农业信息化建设与农业和农村经济发展相协调

农业信息体系建设模式、农业信息系统的功能、结构及其形式的历史演变，都是同其所依附的外部环境系统——农业和农村经济系统的运行效率、结构、职能和作用范围的变化直接相关的。因此，农业信息化建设要与农业和农村经济发展协调推进。

当前，必须积极调整农业和农村经济发展战略，更多地关注农业信息化，利用信息化手段改变农村现状，促进农业和农村经济的协调发展。现代信息技术将给农村社会带来更多接触新知识和接受现代教育的机会，扩大农村传播先进科技文化的范围，丰富农民的科普文化生活，促进农民思想观念的转变和整体素质的提高。

（三）政府主导推进与社会中介广泛参与相结合

政府在农业信息化建设中发挥主导作用既具有可行性，更具有必要性。其可行性表现为：政府是农产品市场信息资源的最大拥有者；政府具有提供农产品市场信息的组织能力和资金能力；政府具有保证农产品市场信息提供准确、及时的行政权力。其必要性表现为：由于以农户为主体的农产品生产经营者在市场交易时面临着严重的市场信息不对称，农户在市场交易中处于极为不利的地位。为了保护农民整体利益，维护农业和农村经济的持续发展和长远的社会效益，政府必须提供公益性农业信息和信息服务。政府提供公益性农业信息和信息服务的作用在于：第一，降低农民信息搜寻和使用成本。政府向广大农民提供农产品市场信息，可以帮助农民降低信息搜寻成本和提高农产品市场交易的透明度，使农民在进行交易谈判、确定交易价格、订立交易合约的过程中，减少不必要的损失。同时，政府信息的权威性和可靠性，降低了农民对所获得信息的真伪性和适用性等方面的判断成本。第二，引导农业生产的稳定发展。政府通过农产品市场信息的提供，引导农民合理安排生产计划，使市场的农产品供求平衡。如，关于农产品价格和供求趋势变化的预测、预警信息的提供，可以使农民生产有市场潜力的农产品，及早发现目标市场，寻找最佳销售时机等。第三，降低农产品生产经营的市场风险。政府提供的农产品市场信息有利于农民通过期货和定购合同等形式，建立较为稳定的农产品贸易关系，获得必要的援助和支持等。

然而，政府公益性信息服务一般是以群体为服务对象，信息服务很难具有以个体为目标的个性化，很难在农业信息的质和量方面满足多方面的需求。因此，农业信息化建设要充分调动社会各类经济主体的积极性。一方面，农业信息需求的多样性为不同市场主体参与农业信息系统建设和信息服务提供了巨大的发展空间。另一方面，市场主体的运行特点使其更多地考虑信息用户的特定信息需求，因此其信息服务的提供具有明显的针对性和较强的专业性，能根据不同需求主体的独特信息需求提供信息产品和信息服务，真正满足不同用户个性化的信息需求。政府抓紧建设权威的农业信息体系的同时，要积极创造良好的市场环境，鼓励和支持社会力量开展面向农业和农村领域的信息服务，重视培植、引导社会多元化的信息服务组织，合力推动中国农业产业信息系统建设和完善农业信息服务，尽快实现农业信息服务的社会化。中国农业信息系统的建设和农业信息服务的提供体系应该是以政府为主导的、包括各类非政府组织（信息企业、农村非营利中介组织）等多种主体在内的互相协作、互相补充的体系。从国外的经验看，即使在农业信息化发达的国家，也不是完全依靠政府的力量直接解决面向农民的农产品市场信息服务问题。包括美国、法国、日本等国家在内，除农业部门外，农业信息服务也是依靠信息企业、专业协会等中介组织。

（四）需求满足与服务效果相结合

信息需求的满足过程就是信息搜寻和利用的过程，这一过程伴随着资金、时间、知识等要素的投入。小规模经营农户由于其经营规模和收入水平的限制，支付信息搜寻的货币能力有限；同时，受其文化和知识水平影响，对搜寻到的信息的接受和利用能力低，降低了信息使用的预期效益，难以形成正常的信息需求。而产业化程度较高、生产经营规模较大的农业产业化龙头企业、专业协会、专业大户和农民经纪人，其生产经营的商品化、市场化程度较高，必然产生对专业化信息的大量需求及提高信息资源应用率的强烈愿望，同时这类组织（个人）具备对相关信息的分析、利用能力，信息资源应用效益较高。因此，现阶段，面对农产品生产经营者的信息服务应以农业产业化龙头企业、专业协会、专业大户和农民经纪人为主要对象，通过这些组织（个人）的典型示范作用，逐步激发和提高其他农户的信息意识和信息利用水平。

为进一步改善中国农业信息服务效果，农业信息化建设应在"服务方向、内容、渠道"三方面实施转变。一是实施"服务方向由注重为政府决策服务到政府决策和生产经营服务并重"的转变，着力抓好网络延伸和信息服务队伍的建设。二是实施"服务内容由侧重生产信息到生产市场科技等综合性信息并重"的转变，着力抓信息资源开发整合，重视解决横向"信息孤岛"和纵向"网站雷同"的问题，提高农业信息决策支持能力和服务水平。三是实施"服务渠道由注重计算机网络到网络与常规媒体相结合"的转变，在继续强化部和省两级农业部门网络中心建设的同时，积极引导和推动地县农业部门建设网络平台，着力抓好信息发布，扩大信息服务渠道和范围。

（五）全局规划与因地制宜相结合

农业信息化建设涉及多方面因素。在建设主体上，在信息资源整合上，在信息服务对象上，各环节必须互相联系、互相配合。因此，农业信息化建设必须坚持"全局观念，统一规划，统一标准，统一建设"的原则。在统一规划、协调发展原则指导下，调动社会各方面力量共同参与，以便达到统一、开放、互联、共享的目的。

农业信息化的发展与社会经济状况、农业生产区域特点、人文地理环境、科学技术发展水平、体制现状等密切相关，具有很强的阶段性、区域性和技术性特点。因此，中国农业信息化发展战略必然是在统筹规划的基础上，因地制宜，厘清思路，突出当地信息化发展重点，科学制订农业信息化建设的专项规划。各级各地农业信息化建设要从实际出发，有所侧重，适宜什么就搞什么，注重实效。要坚持信息服务手段的多样化，"土洋结合""网络与常规媒体相结合"。特别是在社会信息化发展程度低、农业信息基础设施条件差、经济欠发达地区，要因陋就简地开展农业信息网络的建设，注重组织体系建设，要利用多种方式传播农业政策、科技、生产等信息，实施有效的信息服务。

二、农业信息体系建设的重点

（一）农业信息基础设施建设

1. 提高县乡两级农业信息服务部门的信息装备水平

应继续加大对县乡两级农业信息服务部门信息基础设施建设的投资力度。每个县都要建立局域网，有条件的县（市）还应支持建设本地区的信息服务网，县级农业信息服务部门的局域网或者信息服务网应该以光纤与 internet 连接，保证县级农业信息服务部门的工作人员人手一台计算机，一个工作组一台打印机和传真机；继续加强乡级信息服务站的"六个一"（一间房子，一套设备，一条电话专线，一到两名专职或兼职人员，一支辐射到村、户的信息员队伍，一套信息管理与服务制度）建设，保证每个乡级农业信息站都要有一台能连接网络的计算机、一台传真机、一台打印机。

2. 加强大型农业数据信息中心大容量、高质量、高效率信息处理能力建设

为了适应现代市场经济的发展需要，增强信息获取、处理、存储、传输能力，加强大型农业数据信息中心的建设至关重要。大型农业数据信息中心应具有信息采集、信息处理、信息存储、信息备份、数据挖掘、信息传播、信息融合等多重功能。在设备配备上要尽量做到先进性和实用性相结合，要注意保证整个系统的高可用性，所有的组件（包括大型服务器、海量存储设备以及以无绳直接接入 internet 网络等）都能够提供连续不间断的服务，当设备出现故障时能够自动进行备用设备替换，设有静止等待的备用服务器，且可以通过高可靠性系统软件监视所有设备，保证整套设备连续、高效运转。

（二）信息服务重点

1. 加强办公自动化系统建设

应继续加强农业系统办公自动化系统建设，本着"集中、统一、规范、效能"的原则，从用户需求出发，开发设计良好的运行软件系统，在统一规划的基础上，做到高起点、高可用，以最有效的思路来规划系统。

重点是加强各级农业部门机关内部办公信息的收集、处理、共享和科学决策信息系统建设，加强农业农村部、省（自治区、直辖市）、地市农业部门之间的电子公文交换系统建设，并推进办公自动化系统向知识管理发展，实现数据整合、知识挖掘和知识共享，提高各个系统和同一系统内部各子系统之间的协同工作能力，为政府机关制定政策、科学决策提供依据。

2. 加强农业信息管理系统建设

国际农业专家系统发展迅速，我国也在引进技术和自主开发的基础上，成功研制了小麦、玉米、蚕育种、病虫测报、施肥、农业气象等专家系统，在作物病虫害防治、提高育种效率、指导科学种田和增产节约方面发挥了重要作用。但受当时计算机技术的限制，这些专家系统基本上都是单机版的，应用的范围相对较窄，且主要集中在"产中"环节，难以完全满足现代农业发展的需要。

今后的重点是，在农业数据信息库建设的基础上，建设基于知识获取、提炼、存储、分析和推理基础上的农业专家系统。主要是加紧对现有单机版专家系统的技术改造和功能

扩充，拓展农业专家系统的领域覆盖范围，研建一批集产前、产中、产后信息咨询于一体的网络化"专家系统"，并致力于改善专家系统的可操作性，扩大应用范围。

3. 加强农业信息网站建设

今后的建设重点是发展"一站通"式的网上农业信息联播，实现农业信息在联网的一个网站登载，全国各网站同时发布，各地的信息反馈也集中于一个站点，全国农业信息网站联网运行。同时继续加强农业门户网站建设，把网站内容管理技术与管理信息系统技术有机融合起来，充分利用互联网的组织平面化优势，为办公自动化系统、农业数据信息、决策支持系统和农业专家系统提供平台支撑，大力开展"一站式"信息服务，逐步实现"网上审批""网上咨询"和"网络监测预警"。

（三）信息资源建设重点

1. 加强农业数据库规模建设

充分运用现代数据库技术、多媒体技术、全文检索技术、3S 技术、数据仓库技术、WEB 技术等先进的信息技术，针对当前已有数据库的主题、学科、地理分布、数据质量和数量、系统间的兼容性、信息的查找途径等多方面存在的问题，认真吸取国内外先进经验与教训，选择开发重点，合理规划农业数据库生产的近期、中期、长期目标，并统一标准，在数据库的类型、内容和规模等方面进行有效的控制，建设一批具有相当规模、实用性强和能定期更新的全国性、公益性的农业基础数据库，逐步发展智能型和多媒体型数据库，组织筹建全国农业数据中心。全国性、公益性农业数据库群应包括：

①农业综合信息数据库；
②种植业信息数据库；
③畜牧兽医及饲料信息数据库；
④农业机械化信息数据库；
⑤农垦信息数据库；
⑥乡镇企业信息数据库；
⑦渔业信息数据库；
⑧政务信息数据库；
⑨政策法规信息数据库；
⑩农村经济体制与经营管理信息数据库；
⑪科教能源信息系统；
⑫国际农业信息数据库；
⑬资源监测信息数据库。

2. 加强数据库功能开发

在对数据库现有信息进行检索的基础上，推进农业数据库检索智能化发展，把数据库与专家系统、模拟模型、过程控制等技术有机地结合起来，通过对无序的、海量的非结构化数据如文本数据、图形数据、视频图像数据、声音数据以及综合多媒体数据的开采，从中有效地提取有用的和有序的信息并及时地发现知识，用于信息管理、查询优化、决策支持和过程控制，使数据成为为思维决策和战略发展服务的资源。

3. 加强农业数据信息标准化建设

继续加强农业数据库管理系统、元数据、信息分类编码、农业信息获取和处理操作、农业信息发布和农业信息产品的标准化建设。努力提高数据的安全性，防止数据库的非法使用；大力推进数据共享性建设，保证不同格式的数据能够相互转换，不同系统之间能够相互访问。

（四）农业信息技术发展重点

1. 加强信息网络技术的开发和应用

在 TCP/IP 协议和 IEE802 局域网协议的基础上，推进网络拓扑结构的设计和应用；在电子工业协会和电信工业协会制定的 EIA/TIA568A 标准的基础上，科学网络布线，发展和应用多层交换布线技术；在 CMOS 集成技术的基础上，进一步发展光纤连接线速选路技术的应用，实现吉、太比特速率；继续扩大 PC 专用服务器和 WindowsNT4.0/2000 网络操作系统的应用范围，发展服务器和操作系统维护技术；规范网络管理措施，发展和应用防火墙技术、代理服务器技术、路由器过滤技术、数据自动安全备份技术、网络排毒技术和数据加密技术；发展和扩大光纤、DDN、帧中继、ATM、卫星网、ISDN、ADSL、拨号、光纤和电缆混合技术（HFC）、数字电路等网络接入技术的应用。

2. 加强信息系统技术的开发和应用

继续加强通用化、网络化信息采集处理平台技术，可视化、多媒体自助信息发布服务平台技术，信息分析预测（预警）与决策支持平台技术，办公自动化系统平台技术等系统平台技术基于网络互联网络的开发和应用。

发展适合于我国信息网络和农业发展特点的农业专家系统研发技术，开发基于知识获取、知识发现、知识推理基础上的农业专家系统，加强对单机版农业专家系统的网络化改造，促进网络化、知识化农业专家系统研发技术的集成应用。

3. 加强数据库技术的开发和应用

在第二代关系型数据库的基础上，积极推进以对象管理和知识管理为特征的第三代数据库技术在农业数据库建设中的应用。进一步引进、开发和加强分布式数据库技术、数据仓库与数据挖掘技术、知识库和智能数据库技术、并行数据库技术、主动数据库技术和模糊数据库技术的农业应用，为现代开放型、可移植型、可连接型、可扩展型和可互操作型农业数据库建设提供技术体系支撑。

4. 加强数字农业技术的开发和应用

大力发展以遥感（RS）、地理信息系统（GIS）和全球定位系统（GPS）为内容的3S技术在农业上的应用，集中引入电子、光学、计算机、通信、地球科学、生物学等学科的最新成就，开展农业资源、农作物长势和产量动态监测预报，农业灾害监测预报、分析和灾害评估等工作；发展以3S技术、农业机械技术、农业工程技术、计算机控制技术、监测传感技术、电子地图绘制技术、大容量数据处理技术、决策控制技术为主要内容的精准农业技术；发展以数字模拟、三维再现技术为主要内容的虚拟农业技术，逐步筹建虚拟农业实验室，开展虚拟农业试验研究。

（五）农业信息传播重点

1. 加强信息员队伍建设

信息队伍建设是延伸农村信息服务网络，促进农业信息传播的重要方面，主要包括农业信息管理队伍和农村信息员队伍建设。要建设一支系统操作能力强，能够规范地采集、传输、处理、应用信息的技术服务人才队伍和一支组织、协调、指导能力强的农业信息服务管理人才队伍。同时要依靠政府力量和政策引导，健全机制，重点在村组干部、农民经纪人、龙头企业、中介组织和经营大户中发展农村信息员，并加强对农村信息员的培训、考核和认证工作，壮大队伍规模，提高队伍素质。

2. 建设多种形式互为补充的信息传播网络

一方面大力发展互联网络，另一方面积极推广充分集成现代信息技术等常规信息载体、结合优势互补的信息服务模式，同时因地制宜地利用报刊、"明白纸"、板报、墙报、"小喇叭"等成功的农业信息传播补充形式。此外，还要把信息服务和物资、技术服务紧密结合起来，加强乡村服务站、信息技术咨询门市部等的建设，继续开展乡村大集、科技下乡等传统物资、技术、信息交流活动，发展社会中介服务组织，把多种农业信息传播方式整合纳入统一规划建设的农业信息传播网络中。

三、中国农业信息体系建设发展战略保障

农业信息体系建设作为公益性、基础性事业，属于WTO规则中的"绿箱政策"和"公共财政"支持范围，应当作为当前政府优先、重点支持的事业，创造良好的政策环境，加大投入，推动其快速发展。一是确保体系建设投入，为保证体系的有效运转，每年需要投入相应财政专项经费。二是加强人员培训和队伍建设，以农民经纪人、农业生产经营大户等为主体，经过培训考核，建立农村信息员队伍。对农业信息采集、分析、服务、网络维护及管理人员，进行信息知识与技术培训，提高业务水平和工作能力，保证信息质量和

信息网络高效运行。三是创造多元化投入的政策环境，要营造良好的政策环境，拓宽投融资渠道，鼓励和引导社会力量投入农业信息服务，形成政府主导、扶持下的多渠道、多元化投资建设格局。对农业信息服务部门网络通道租用和农民上网费给予适当减免，带动农村网络用户增长。四是健全法律制度，加快国家信息共享和公开的法制化建设，使政府部门间的信息共享有章可循，信息公开有法可依。五是完善政府宏观调控机制，健全农产品信息发布制度，定期向社会发布农产品产销、供求和市场预测信息，有效地引导农产品产销活动。六是强化国际农业信息搜集，在主要农产品进出口国设立农业情报搜集点和农产品贸易办事机构，全面了解对象国的农产品贸易政策、市场状况、消费特点、变化趋势及影响因素，为农业参与国际竞争提供必要的信息支持。

参考文献

［1］李秉龙，薛兴利．农业经济学［M］．北京：中国农业大学出版社，2003.

［2］孔祥智．农业经济学［M］．北京：中国人民大学出版社，2014.

［3］赵维清，姬亚岚，马锦生，等．农业经济学［M］．北京：清华大学出版社，2013.

［4］尚杰．农业经济学［M］．北京：科学出版社，2015.

［5］朱道华．农业经济学［M］．北京：中国农业出版社，2009.

［6］傅新红．农业经济学［M］．北京：高等教育出版社，2015.

［7］王雅鹏．现代农业经济学［M］．北京：中国农业出版社，2014.

［8］陈池波．农业经济学［M］．武汉：武汉大学出版社，2015.

［9］许开录，孙志洁．农业经济管理［M］．北京：化学工业出版社，2008.

［10］张忠根．农业经济学［M］．杭州：浙江大学出版社，2010.

［11］方天堃，陈仙林．农业经济管理［M］．北京：中国农业大学出版社，2005.

［12］孔祥智．崛起与超越——中国农村改革的过程及机理分析［M］．北京：中国人民大学出版社，2008.

［13］温铁军．"三农"问题与制度变迁［M］．北京：中国经济出版社，2009.

［14］何秀荣．比较农业经济学［M］．北京：中国农业大学出版社，2010.

［15］程漱兰．中国农村发展：理论和实践［M］．北京：中国人民大学出版社，1999.

［16］焦必方．农业和农村经济学［M］．上海：格致出版社，2009.

［17］钟甫宁．农业经济学［M］．北京：中国农业出版社，2011.

［18］（美）罗纳德·斯瑞波尔．农业市场经济学［M］．孔雁，译．北京：清华大学出版社，2009.

［19］林毅夫．制度、技术与中国农业发展［M］．上海：格致出版社，2008.

［20］（美）斯蒂格利茨，（美）沃尔什．经济学［M］．黄险峰，张帆，译．北京：中国人民大学出版社，2013.

［21］潘明星，韩丽华．政府经济学［M］．北京：中国人民大学出版社，2011.

［22］郭小聪．政府经济学［M］．北京：中国人民大学出版社，2011.

[23] 何江，陈磊阳，吴冠华，等. 农业经济学 [M]. 江门：江门人民出版社，2000.

[24] 张红宇，赵长保. 中国农业政策的基本框架 [M]. 北京：中国财政经济出版社，2009.

[25] 尹成杰. 粮安天下：全球粮食危机与中国粮食安全 [M]. 北京：中国经济出版社，2009.

[26] 谭向勇，辛贤. 农业经济学 [M]. 太原：山西经济出版社，2005.

[27] 黄文秀. 农业自然资源 [M]. 北京：科学出版社，2001.

[28] 丁长发. 农业和农村经济学 [M]. 厦门：厦门大学出版社，2006.

[29] 黄贤金，张安录. 土地经济学 [M]. 北京：中国农业出版社，2008.

[30] 毕宝德，柴强，李玲. 土地经济学 [M]. 北京：中国人民大学出版社，2011.

[31] 王孝松，谢申祥. 国际农产品价格如何影响了中国农产品价格 [J]. 经济研究，2012（3），141-153.

[32] 孔祥智，刘同山. 论我国农村基本经营制度：历史、挑战与选择 [J]. 政治经济学评论，2013（3），78-133.

[33] 仇焕广，杨军，黄季煜. 建立中国—东盟自由贸易区对我国农产品贸易和区域农业发展的影响 [J]. 管理世界，2007（9），56-61+75+171-172.

[34] 周曙东，胡冰川，吴强，等. 中国—东盟自由贸易区的建立对区域农产品贸易的动态影响分析 [J]. 管理世界，2006（10），14-21.

[35] 曾寅初，陈忠毅. 海峡两岸农产品贸易与直接投资的关系分析 [J]. 管理世界，2004（1），96-106.

[36] 孔祥智，程漱兰. 中国农村经济体制及其绩效的经济分析 [J]. 教学与研究，1997（10），43-50.

[37] 李政通，顾海英. 农业发展如何驱动经济结构转型：进展与展望 [J]. 现代经济探讨，2021（10），108-116.

[38] 朱培培. 财政支农支出对农业经济增长的影响分析 [J]. 财经界，2021（8），11-12.

[39] 潘元东. 农业信息化在农业经济增长中的作用 [J]. 乡村科技，2021（8），45-47.